www.ingramcontent.com/pod-product-compliance
Lightning Source LLC
Chambersburg PA
CBHW050732010526
44107CB00010B/826
* 9 7 8 1 9 5 7 7 5 6 8 9 9 *

بالِ جبریل

علامہ محمد اقبال

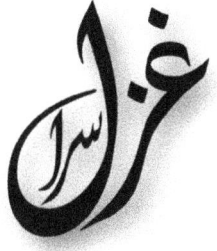

غزل سرا

https://www.ghazalsara.org

Baal e Jibreel - Premeium Edition
Author: .... Sir Allama Muhammad Iqbal
Genre:................................ Poetry - Urdu
Published By: .... GhazalSara.Org (Yawar Maajed)
Publish Date: .... January 2024
Original Publish Date: 1935
ISBN: 978-1-957756-89-9

Printed and bound in The United States of America

بالِ جبریل
مصنف.................................سر علامہ محمد اقبال
ناشر ....غزل سرا ڈاٹ آرگ (یاور ماجد)
موجودہ ایڈیشن..................جنوری 2024
پہلا ایڈیشن.........................1935
آئی ایس بی این...................9781957756899

اس کتاب کی چھپائی ریاست ہائے متحدہ امریکہ میں ہوئی۔

اقبال

آیا ہمارے دیس میں اک خوش نوا فقیر
آیا اور اپنی دُھن میں غزل خواں گزر گیا
سنسان راہیں خلق سے آباد ہو گئیں
ویران مے کدوں کا نصیبہ سنور گیا
تھیں چند ہی نگاہیں جو اس تک پہنچ سکیں
پر اس کا گیت سب کے دلوں میں اتر گیا
اب دُور جا چکا ہے وہ شاہِ گدانما
اور پھر سے اپنے دیس کی راہیں اداس ہیں
چند اک کو یاد ہے کوئی اس کی ادائے خاص
دو اک نگاہیں چند عزیزوں کے پاس ہیں
پر اس کا گیت سب کے دلوں میں مقیم ہے
اور اس کی لَے سے سینکڑوں لذّت شناس ہیں

اس گیت کے تمام محَاسن ہیں لا زوال
اس کا وَفُور، اس کا خروش، اس کا سوز و ساز
یہ گیت مثلِ شعلۂ جوّالہ تند و تیز
اس کی لپک سے بادِ فنا کا جگر گداز
جیسے چراغ وحشتِ صرصر سے بے خطر
یا شمع بزمِ صبح کی آمد سے بے خبر

فیض احمد فیض

فہرست

حصہ اوّل

غزلیں

غلغلہ ہائے الاماں بت کدۂ صفات میں 14
مجھے فکرِ جہاں کیوں ہو، جہاں تیرا ہے یا میرا؟ 15
ہوش و خرد شکار کر، قلب و نظر شکار کر 16
نہیں ہے داد کا طالب یہ بندۂ آزاد 17
قطعہ 18
جو مشکل اب ہے یارب پھر وہی مشکل نہ بن جائے 19
دلِ ہر ذرّہ میں غوغائے رستاخیز ہے ساقی 20
ہاتھ آ جائے مجھے میرا مقام اے ساقی! 21
پلا کے مجھ کو مئے "لَا اِلٰہَ اِلّا ھُو" 22
مقامِ بندگی دے کر نہ لوں شانِ خداوندی 23
وہ ادب گہِ محبّت، وہ نگہ کا تازیانہ 24
اشارہ پاتے ہی صوفی نے توڑ دی پرہیز 25
میرے کام کچھ نہ آیا یہ کمالِ نَے نوازی 26
آب و گِل کے کھیل کو اپنا جہاں سمجھا تھا مَیں 27
ہے دانشِ برہانی، حیرت کی فراوانی 28
کیوں خوار ہیں مردانِ صفا کیش و ہنرمند 29

حصہ دوم

یہ کون غزل خواں ہے پرسوز و نشاط انگیز	35
وہ حرفِ راز کہ مجھ کو سِکھا گیا ہے جنوں	36
عالمِ آب و خاک و باد! سرِّ عیاں ہے تُو کہ مَیں	37
تُو ابھی رہ گزر میں ہے، قیدِ مقام سے گزر	38
امینِ راز ہے مردانِ حُر کی درویشی	39
پھر چراغِ لالہ سے روشن ہوئے کوہ و دمن	40
مسلماں کے لہو میں ہے سلیقہ دل نوازی کا	41
عشق سے پیدا نوائے زندگی میں زِیر و بم	42
دل سوز سے خالی ہے، نگہ پاک نہیں ہے	43
ہزار خوف ہو لیکن زباں ہو دل کی رفیق	44
پوچھ اس سے کہ مقبول ہے فطرت کی گواہی	45
یہ حوریانِ فرنگی، دل و نظر کا حجاب	46
دلِ بیدار فاروقی، دلِ بیدار کرّاری	47
خودی کی شوخی و تندی میں کبر و ناز نہیں	48
میرِ سپاہ ناسزا، لشکریاں شکستہ صف	49
زمستانی ہَوا میں گرچہ تھی شمشیر کی تیزی	50
یہ دیرِ کہن کیا ہے، انبارِ خس و خاشاک	51
کمالِ ترک نہیں آب و گِل سے مہجوری	52
عقل گو آستاں سے دُور نہیں	53
خودی وہ بحر ہے جس کا کوئی کنارہ نہیں	54
یہ پیام دے گئی ہے مجھے بادِ صبح گاہی	55
تری نگاہ فرومایہ، ہاتھ ہے کوتاہ	56
خرد کے پاس خبر کے سوا کچھ اور نہیں	57
نگاہِ فقر میں شانِ سکندری کیا ہے	58
نہ تُو زمیں کے لیے ہے نہ آسماں کے لیے	59
تُو اے اسیرِ مکاں! لامکاں سے دُور نہیں	60
خرد نے مجھ کو عطا کی نظر حکیمانہ	61
افلاک سے آتا ہے نالوں کا جواب آخر	62

63	ہر شے مسافر، ہر چیز راہی
64	ہر چیز ہے محوِ خودنمائی
65	اعجاز ہے کسی کا یا گردشِ زمانہ!
66	خرد مندوں سے کیا پوچھوں کہ میری ابتدا کیا ہے
67	جب عشق سکھاتا ہے آدابِ خود آگاہی
68	مجھے آہ و فغانِ نیم شب کا پھر پیام آیا
69	نہ ہو طغیانِ مشتاقی تو میں رہتا نہیں باقی
70	فطرت کو خرد کے رو برو کر
71	یہ پیرانِ کلیسا و حرم، اے وائے مجبوری!
72	تازہ پھر دانشِ حاضر نے کیا سحرِ قدیم
73	ستاروں سے آگے جہاں اور بھی ہیں
74	ڈھونڈ رہا ہے فرنگ عیشِ جہاں کا دوام
75	خودی ہو علم سے محکم تو غیرتِ جبریل
76	مکتبوں میں کہیں رعنائیِ افکار بھی ہے؟
77	حادثہ وہ جو ابھی پردۂ افلاک میں ہے
78	رہا نہ حلقۂ صوفی میں سوزِ مشتاقی
79	ہوا نہ زور سے اس کے کوئی گریباں چاک
80	یوں ہاتھ نہیں آتا وہ گوہرِ یک دانہ
81	نہ تخت و تاج میں، نے لشکر و سپاہ میں ہے
82	فطرت نے نہ بخشا مجھے اندیشۂ چالاک
83	کریں گے اہلِ نظر تازہ بستیاں آباد
84	کی حق سے فرشتوں نے اقبال کی غمازی
85	نئے مہرہ باقی نئے مہرہ بازی
86	گرم فغاں ہے جرس، اٹھ کہ گیا قافلہ
87	مری نوا سے ہوئے زندہ عارف و عامی
88	ہر اک مقام سے آگے گزر گیا مہ نو
89	کھو نہ جا اس سحر و شام میں اے صاحبِ ہوش!
90	تھا جہاں مدرسۂ شیری و شہنشاہی
91	ہے یاد مجھے نکتۂ سلمانِ خوش آہنگ
92	فقر کے ہیں معجزات تاج و سریرو سپاہ

کمالِ جوشِ جنوں میں رہا مَیں گرمِ طواف 93
شعور و ہوش و خرد کا معاملہ ہے عجیب 94
اندازِ بیاں گرچہ بہت شوخ نہیں ہے 95

رباعیات

رہ و رسمِ حرم نامحرمانہ 97
ظلامِ بحر میں کھو کر سنبھل جا 97
مکانی ہُوں کہ آزادِ مکاں ہُوں 97
خودی کی خلوتوں میں گم رہا مَیں 97
پریشاں کاروبارِ آشنائی 98
یقیں، مثلِ خلیلؑ آتش نشینی 98
عرب کے سوز میں سازِ عجم ہے 98
کوئی دیکھے تو میری نَے نوازی 98
ہر اک ذرّہ میں ہے شاید مکیں دل 99
ترا اندیشہ افلاکی نہیں ہے 99
نہ مومن ہے نہ مومن کی امیری 99
خودی کی جلوتوں میں مصطفائی 99
نگہ اُلجھی ہوئی ہے رنگ و بُو میں 100
جمالِ عشق و مستی نَے نوازی 100
وہ میرا رونقِ محفل کہاں ہے 100
سوارِ ناقہ و محمل نہیں مَیں 100
ترے سینے میں دم ہے، دل نہیں ہے 101
ترا جوہر ہے نوری، پاک ہے تُو 101
محبّت کا جنوں باقی نہیں ہے 101
خودی کے زور سے دنیا پہ چھا جا 101
چمن میں رختِ گُل شبنم سے تر ہے 102
خرد سے راہرو روشن بصر ہے 102
جوانوں کو مری آہِ سحر دے 102
تری دنیا جہانِ مرغ و ماہی 102

کرم تیرا کہ بے جوہر نہیں مَیں 103
وہی اصلِ مکان و لامکاں ہے 103
کبھی آوارہ و بے خانماں عشق 103
کبھی تنہائیِ کوہ و دمن عشق 103
عطا اسلاف کا جذبِ دروں کر 104
یہ نکتہ مَیں نے سیکھا بوالحسن سے 104
خرد واقف نہیں ہے نیک و بد سے 104
خدائی اہتمامِ خشک و تر ہے 104
یہی آدم ہے سلطاں بحر و بر کا 105
دمِ عارف نسیمِ صبح دم ہے 105
رگوں میں وہ لہو باقی نہیں ہے 105
کھُلے جاتے ہیں اَسرارِ نہانی 105
زمانے کی یہ گردش جاودانہ 106
حکیمی، نامسلمانی خودی کی 106
ترا تن روح سے ناآشنا ہے 106
اقبالؔ نے کل اہلِ خیاباں کو سنایا 106

منظومات

دعا 108
مسجدِ قرطبہ 109
قید خانے میں معتمد کی فریاد 115
عبدالرحمٰن اوّل کا بویا ہوا کھجور کا پہلا درخت 116
ہسپانیہ 117
طارق کی دعا 118
لینن 119
فرشتوں کا گیت 121
ذوق و شوق 123
پروانہ اور جگنو 126
جاوید کے نام 127

128	گدائی
129	مُلّا اور بہشت
130	دین و سیاست
131	الارض للّٰہ
132	ایک نوجوان کے نام
133	نصیحت
134	لالۂ صحرا
135	ساقی نامہ
143	زمانہ
144	فرشتے آدم کو جنّت سے رخصت کرتے ہیں
145	روح ارضی آدم کا استقبال کرتی ہے
147	پیر و مرید
155	جبریل و ابلیس
156	ابلیس
157	اذان
158	محبّت
159	ستارے کا پیغام
160	فلسفہ و مذہب
161	یورپ سے ایک خط
162	نپولین کے مزار پر
163	مسولینی
164	سوال
165	نادر شاہ افغان
166	خوشحال خاں کی وصیّت
167	تاتاری کا خواب
168	حال و مقام
169	ابوالعلا معرّی
170	سینما
171	پنجاب کے پیرزادوں سے
172	سیاست

فقر 173
خودی 174
جدائی 175
خانقاہ 176
ابلیس کی عرضداشت 177
لہو 178
پرواز 179
شیخِ مکتب سے 180
فلسفی 181
شاہیں 182
باغی مرید 183
ہارون کی آخری نصیحت 184
ماہر نفسیات سے 185
یورپ 186
آزادیِ افکار 187
شیر اور خچر 188
چیونٹی اور عقاب 189

قطعات

فطرت مری مانندِ نسیم سحری ہے 191
کل اپنے مریدوں سے کہا پیرِ مغاں نے 191
ترے شیشے میں مے باقی نہیں ہے 191
دلوں کو مرکزِ مہر و وفا کر 192

حصہ اوّل

غزلیں

بالِ جبریل

★

میری نوائے شوق سے شور حریمِ ذات میں
غلغلہ ہائے الاماں بت کدۂ صفات میں

حُور و فرشتہ ہیں اسیر میرے تخیلات میں
میری نگاہ سے خلل تیری تجلیات میں

گرچہ ہے مِری جستجو دَیر و حرم کی نقش بند
میری فغاں سے رست خیز کعبہ و سومنات میں

گاہ مری نگاہ تیز چیر گئی دلِ وجود
گاہ الجھ کے رہ گئی میرے تَوَہّمات میں

تُو نے یہ کیا غضب کیا، مجھ کو بھی فاش کر دیا
مَیں ہی تو اک راز تھا سینۂ کائنات میں!

★

اگر کج رو ہیں انجم، آسماں تیرا ہے یا میرا
مجھے فکرِ جہاں کیوں ہو، جہاں تیرا ہے یا میرا؟

اگر ہنگامہ ہائے شوق سے ہے لامکاں خالی
خطا کس کی ہے یا رب! لامکاں تیرا ہے یا میرا؟

اسے صبحِ ازل انکار کی جرأت ہوئی کیوں کر
مجھے معلوم کیا، وہ راز داں تیرا ہے یا میرا؟

محمدﷺ بھی ترا، جبریل بھی، قرآن بھی تیرا
مگر یہ حرفِ شیریں ترجماں تیرا ہے یا میرا؟

اسی کوکب کی تابانی سے ہے تیرا جہاں روشن
زوالِ آدمِ خاکی زیاں تیرا ہے یا میرا؟

★

گیسوئے تاب دار کو اور بھی تاب دار کر
ہوش و خرد شکار کر، قلب و نظر شکار کر

عشق بھی ہو حجاب میں، حسن بھی ہو حجاب میں
یا تو خود آشکار ہو یا مجھے آشکار کر

تُو ہے محیطِ بے کراں، مَیں ہُوں ذرا سی آبجو
یا مجھے ہمکنار کر یا مجھے بے کنار کر

مَیں ہُوں صدف تو تیرے ہاتھ میرے گہر کی آبرو
مَیں ہُوں خزف تو تُو مجھے گوہرِ شاہوار کر

نغمۂ نو بہار اگر میرے نصیب میں نہ ہو
اس دمِ نیم سوز کو طائرکِ بہار کر

باغِ بہشت سے مجھے حکم سفر دیا تھا کیوں
کارِ جہاں دراز ہے، اب مرا انتظار کر

روزِ حساب جب مرا پیش ہو دفترِ عمل
آپ بھی شرمسار ہو، مجھ کو بھی شرمسار کر

★

اثر کرے نہ کرے، سن تو لے مری فریاد
نہیں ہے داد کا طالب یہ بندۂ آزاد

یہ مُشتِ خاک ، یہ صرصر، یہ وسعتِ افلاک
کرم ہے یا کہ ستم تیری لذّتِ ایجاد!

ٹھہر سکا نہ ہوائے چمن میں خیمۂ گل
یہی ہے فصلِ بہاری، یہی ہے بادِ مراد؟

قصور وار، غریب الدیار ہُوں لیکن
ترا خرابہ فرشتے نہ کر سکے آباد

مری جفا طَلَبی کو دعائیں دیتا ہے
وہ دشتِ سادہ، وہ تیرا جہانِ بے بنیاد

خطر پسند طبیعت کو ساز گار نہیں
وہ گلستاں کہ جہاں گھات میں نہ ہو صیّاد

مقامِ شوق ترے قدسیوں کے بس کا نہیں
اُنھی کا کام ہے یہ جن کے حوصلے ہیں زیاد

قطعہ

کیا عشق ایک زندگیِ مستعار کا
کیا عشق پائدار سے ناپائدار کا

وہ عشق جس کی شمع بجھا دے اجل کی پھونک
اس میں مزا نہیں تپش و انتظار کا

میری بساط کیا ہے، تب و تابِ یک نفَس
شعلے سے بے محل ہے الجھنا شرار کا

کر پہلے مجھ کو زندگیِ جاوداں عطا
پھر ذوق و شوق دیکھ دلِ بے قرار کا

کانٹا وہ دے کہ جس کی کھٹک لازوال ہو
یا رب، وہ درد جس کی کسک لازوال ہو!

★

پریشاں ہو کے میری خاک آخر دل نہ بن جائے
جو مشکل اب ہے یا رب پھر وہی مشکل نہ بن جائے

نہ کر دیں مجھ کو مجبورِ نوا فردوس میں حوریں
مرا سوزِ دروں پھر گرمیِ محفل نہ بن جائے

کبھی چھوڑی ہوئی منزل بھی یاد آتی ہے راہی کو
کھٹک سی ہے، جو سینے میں، غمِ منزل نہ بن جائے

بنایا عشق نے دریائے ناپیدا کراں مجھ کو
یہ میری خود نگہداری مرا ساحل نہ بن جائے

کہیں اس عالمِ بے رنگ و بو میں بھی طلب میری
وہی افسانۂ دنبالۂ محمل نہ بن جائے

عروجِ آدمِ خاکی سے انجم سہمے جاتے ہیں
کہ یہ ٹوٹا ہوا تارا مہِ کامل نہ بن جائے

★

دگرگوں ہے جہاں، تاروں کی گردش تیز ہے ساقی
دلِ ہر ذرّہ میں غوغائے رستا خیز ہے ساقی

متاعِ دین و دانش لٹ گئی اللہ والوں کی
یہ کس کافر ادا کا غمزۂ خوں ریز ہے ساقی

وہی دیرینہ بیماری، وہی نا محکمی دل کی
علاج اس کا وہی آبِ نشاط انگیز ہے ساقی

حرم کے دل میں سوزِ آرزو پیدا نہیں ہوتا
کہ پیدائی تری اب تک حجاب آمیز ہے ساقی

نہ اٹھّا پھر کوئی رومی عجم کے لالہ زاروں سے
وہی آب و گلِ ایراں، وہی تبریز ہے ساقی

فقیرِ راہ کو بخشے گئے اَسرارِ سلطانی
بہا میری نوا کی دولتِ پرویز ہے ساقی

نہیں ہے نا امید اقبالؔ اپنی کشتِ ویراں سے
ذرا نم ہو تو یہ مٹی بہت زرخیز ہے ساقی

★

لا پھر اک بار وہی بادہ و جام اے ساقی
ہاتھ آ جائے مجھے میرا مقام اے ساقی!

تین سو سال سے ہیں ہند کے مے خانے بند
اب مناسب ہے ترا فیض ہو عام اے ساقی

مری مینائے غزل میں تھی ذرا سی باقی
شیخ کہتا ہے کہ ہے یہ بھی حرام اے ساقی

شیر مردوں سے ہوا بیشۂ تحقیق تہی
رہ گئے صوفی و مُلّا کے غلام اے ساقی

عشق کی تیغِ جگردار اڑا لی کس نے
عِلم کے ہاتھ میں خالی ہے نیام اے ساقی

سینہ روشن ہو تو ہے سوزِ سخن عینِ حیات
ہو نہ روشن، تو سخن مرگِ دوام اے ساقی

تُو مری رات کو مہتاب سے محروم نہ رکھ
ترے پیمانے میں ہے ماہِ تمام اے ساقی!

★

مٹا دیا مرے ساقی نے عالمِ من و تُو
پلا کے مجھ کو مئے "لَآ اِلٰـہَ اِلاّ ھُـو"

نہ مے، نہ شعر، نہ ساقی، نہ شورِ چنگ و رباب
سکوتِ کوہ و لبِ جوئے و لالۂ خود رو!

گدائے مے کدہ کی شانِ بے نیازی دیکھ
پہنچ کے چشمۂ حیواں پہ توڑتا ہے سبُو!

مرا سبوچہ غنیمت ہے اس زمانے میں
کہ خانقاہ میں خالی ہیں صوفیوں کے کدو

مَیں نو نیاز ہُوں، مجھ سے حجاب ہی اولیٰ
کہ دل سے بڑھ کے ہے میری نگاہ بے قابو

اگرچہ بحر کی موجوں میں ہے مقام اس کا
صفائے پاکیِ طینت سے ہے گہر کا وضو

جمیل تر ہیں گل و لالہ فیض سے اس کے
نگاہِ شاعرِ رنگیں نوا میں ہے جادو

★

متاعِ بے بہا ہے درد و سوزِ آرزو مندی
مقامِ بندگی دے کر نہ لوں شانِ خداوندی

ترے آزاد بندوں کی نہ یہ دنیا، نہ وہ دنیا
یہاں مرنے کی پابندی، وہاں جینے کی پابندی

حجاب اکسیر ہے آوارۂ کوئے محبّت کو
میری آتش کو بھڑکاتی ہے تیری دیر پیوندی

گزر اوقات کر لیتا ہے یہ کوہ و بیاباں میں
کہ شاہیں کے لیے ذلت ہے کارِ آشیاں بندی

یہ فیضانِ نظر تھا یا کہ مکتب کی کرامت تھی
سکھائے کس نے اسمٰعیلؑ کو آدابِ فرزندی

زیارت گاہِ اہلِ عزم و ہمّت ہے لحد میری
کہ خاکِ راہ کو مَیں نے بتایا رازِ الوندی

مری مشّاطگی کی کیا ضرورت حسنِ معنی کو
کہ فطرت خود بخود کرتی ہے لالے کی حنا بندی

★

تجھے یاد کیا نہیں ہے مرے دل کا وہ زمانہ
وہ ادب گہِ محبّت، وہ نگہ کا تازیانہ

یہ بتانِ عصرِ حاضر کہ بنے ہیں مدرسے میں
نہ ادائے کافرانہ، نہ تراشِ آزرانہ

نہیں اس کھلی فضا میں کوئی گوشۂ فراغت
یہ جہاں عجب جہاں ہے، نہ قفس نہ آشیانہ

رگِ تاک منتظر ہے تری بارشِ کرم کی
کہ عجم کے مے کدوں میں نہ رہی مئے مغانہ

مرے ہم صفیر اسے بھی اثرِ بہار سمجھے
انھیں کیا خبر کہ کیا ہے یہ نوائے عاشقانہ

مرے خاک و خوں سے تُو نے یہ جہاں کیا ہے پیدا
صلۂ شہید کیا ہے، تب و تابِ جاودانہ

تری بندہ پروری سے مرے دن گزر رہے ہیں
نہ گلہ ہے دوستوں کا، نہ شکایتِ زمانہ

★

ضمیرِ لالہ مئے لعل سے ہوا لبریز
اشارہ پاتے ہی صوفی نے توڑ دی پرہیز

بچھائی ہے جو کہیں عشق نے بساط اپنی
کیا ہے اس نے فقیروں کو وارثِ پرویز

پرانے ہیں یہ ستارے، فلک بھی فرسودہ
جہاں وہ چاہیے مجھ کو کہ ہو ابھی نوخیز

کسے خبر ہے کہ ہنگامۂ نشور ہے کیا
تری نگاہ کی گردش ہے میری رستاخیز

نہ چھین لذّتِ آہِ سحر گہی مجھ سے
نہ کر نگہ سے تغافل کو التفات آمیز

دلِ غمیں کے موافق نہیں ہے موسمِ گُل
صدائے مرغِ چمن ہے بہت نشاط انگیز

حدیثِ بے خبراں ہے، تو با زمانہ بساز
زمانہ با تو نسازد، تو با زمانہ ستیز

★

وہی میری کم نصیبی، وہی تیری بے نیازی
میرے کام کچھ نہ آیا یہ کمالِ نَے نوازی

مَیں کہاں ہُوں تُو کہاں ہے، یہ مکاں کہ لامکاں ہے؟
یہ جہاں مرا جہاں ہے کہ تری کرشمہ سازی

اسی کشمکش میں گزریں مری زندگی کی راتیں
کبھی سوز و سازِ رومیؔ، کبھی پیچ و تابِ رازیؔ

وہ فریب خوردہ شاہیں کہ پلا ہو کرگسوں میں
اسے کیا خبر کہ کیا ہے رہ و رسمِ شاہبازی

نہ زباں کوئی غزل کی، نہ زباں سے باخبر میں
کوئی دلکشا صدا ہو، عجمی ہو یا کہ تازی

نہیں فقر و سلطنت میں کوئی امتیاز ایسا
یہ سپہ کی تیغ بازی، وہ نگہ کی تیغ بازی

کوئی کارواں سے ٹوٹا، کوئی بدگماں حرم سے
کہ امیر کارواں میں نہیں خوئے دل نوازی

★

اپنی جولاں گاہ زیرِ آسماں سمجھا تھا مَیں
آب و گِل کے کھیل کو اپنا جہاں سمجھا تھا مَیں

بے حجابی سے تری ٹوٹا نگاہوں کا طلسم
اک ردائے نیلگوں کو آسماں سمجھا تھا مَیں

کارواں تھک کر فضا کے پیچ و خم میں رہ گیا
مہر و ماہ و مشتری کو ہم عناں سمجھا تھا مَیں

عشق کی اک جست نے طے کر دیا قصّہ تمام
اس زمین و آسماں کو بے کراں سمجھا تھا مَیں

کہہ گئیں رازِ محبّت پردہ داری ہائے شوق
تھی فغاں وہ بھی جسے ضبطِ فغاں سمجھا تھا مَیں

تھی کسی درماندہ رہرو کی صدائے درد ناک
جس کو آوازِ رحیلِ کارواں سمجھا تھا مَیں

★

اک دانشِ نورانی، اک دانشِ برہانی
ہے دانشِ برہانی، حیرت کی فراوانی

اس پیکرِ خاکی میں اک شے ہے، سو وہ تیری
میرے لیے مشکل ہے اس شے کی نگہبانی

اب کیا جو فغاں میری پہنچی ہے ستاروں تک
تُو نے ہی سکھائی تھی مجھ کو یہ غزل خوانی

ہو نقش اگر باطل، تکرار سے کیا حاصل
کیا تجھ کو خوش آتی ہے آدم کی یہ ارزانی؟

مجھ کو تو سِکھا دی ہے افرنگ نے زندیقی
اس دَور کے مُلّا ہیں کیوں ننگِ مسلمانی!

تقدیر شکن قوت باقی ہے ابھی اس میں
ناداں جسے کہتے ہیں تقدیر کا زندانی

تیرے بھی صنم خانے، میرے بھی صنم خانے
دونوں کے صنم خاکی، دونوں کے صنم فانی

★

یا رب! یہ جہانِ گذراں خوب ہے لیکن
کیوں خوار ہیں مردانِ صفا کیش و ہنرمند

گو اس کی خدائی میں مہاجن کا بھی ہے ہاتھ
دنیا تو سمجھتی ہے فرنگی کو خداوند

تُو برگِ گیا ہے نہ وہی اہلِ خرد را
او کشتِ گل و لالہ بہ بخشد بہ خرے چند

حاضر ہیں کلیسا میں کباب و مئے گلگوں
مسجد میں دھرا کیا ہے بجز موعظہ و پند

احکام ترے حق ہیں مگر اپنے مُفسّر
تاویل سے قرآں کو بنا سکتے ہیں پاژند

فردوس جو تیرا ہے، کسی نے نہیں دیکھا
افرنگ کا ہر قریہ ہے فردوس کی مانند

مدت سے ہے آوارۂ افلاک مرا فکر
کر دے اسے اب چاند کی غاروں میں نظر بند

فطرت نے مجھے بخشے ہیں جوہر مَلکوتی
خاکی ہُوں مگر خاک سے رکھتا نہیں پیوند

درویش خدا مست نہ شرقی ہے نہ غربی
گھر میرا نہ دِلّی، نہ صفاہاں، نہ سمرقند

کہتا ہُوں وہی بات سمجھتا ہُوں جسے حق
نَے ابلۂ مسجد ہُوں، نہ تہذیب کا فرزند

اپنے بھی خفا مجھ سے ہیں، بیگانے بھی ناخوش
مَیں زہرِ ہلاہل کو کبھی کہہ نہ سکا قند

مشکل ہے کہ اک بندۂ حق بین و حق اندیش
خاشاک کے تودے کو کہے کوہِ دماوند

ہُوں آتشِ نمرود کے شعلوں میں بھی خاموش
مَیں بندۂ مومن ہُوں، نہیں دانۂ اسپند

پر سوز و نظرباز و نکوبین و کم آزار
آزاد و گرفتار و تہی کیسہ و خُورسند

ہر حال میں میرا دلِ بے قید ہے خُرّم
کیا چھینے گا غنچے سے کوئی ذوقِ شکر خند!

چُپ رہ نہ سکا حضرتِ یزداں میں بھی اقبالؔ
کرتا کوئی اس بندۂ گستاخ کا منہ بند!

حصه دوم

...۱...

"ما از پی سنایی و عطار آمدیم"

سما سکتا نہیں پہنائے فطرت میں مرا سودا
غلط تھا اے جنوں شاید ترا اندازۂ صحرا
خودی سے اس طلسمِ رنگ و بو کو توڑ سکتے ہیں
یہی توحید تھی جس کو نہ تُو سمجھا نہ مَیں سمجھا
نگہ پیدا کر اے غافل، تجلّی عینِ فطرت ہے
کہ اپنی موج سے بیگانہ رہ سکتا نہیں دریا
رقابت عِلم و عرفاں میں غلط بینی ہے منبر کی
کہ وہ حلّاج کی سُولی کو سمجھا ہے رقیب اپنا
خدا کے پاک بندوں کو حکومت میں، غلامی میں
زِرہ کوئی اگر محفوظ رکھتی ہے تو استغنا!
نہ کر تقلید اے جبریل میرے جذب و مستی کی
تن آساں عرشیوں کو ذِکر و تسبیح و طواف اولیٰ!

بہت دیکھے ہیں مَیں نے مشرق و مغرب کے مے خانے
یہاں ساقی نہیں پیدا، وہاں بے ذوق ہے صہبا
نہ ایراں میں رہے باقی، نہ توراں میں رہے باقی
وہ بندے فقر تھا جن کا ہلاکِ قیصر و کسریٰ

یہی شیخِ حرم ہے جو چرا کر بیچ کھاتا ہے
گلیمِ بوذرؓ و دلقِ اویسؓ و چادرِ زہراؓ

حضورِ حق میں اسرافیلؑ نے میری شکایت کی
یہ بندہ وقت سے پہلے قیامت کر نہ دے برپا

ندا آئی کہ آشوبِ قیامت سے یہ کیا کم ہے
"گرفتہ چینیاں احرام و مکی خفتہ در بطحا!"

لبالب شیشۂ تہذیبِ حاضر ہے مئے "لا" سے
مگر ساقی کے ہاتھوں میں نہیں پیمانۂ "اِلّا"

دبا رکھا ہے اس کو زخمہ ور کی تیز دستی نے
بہت نیچے سُروں میں ہے ابھی یورپ کا واویلا

اسی دریا سے اٹھتی ہے وہ موجِ تند جولاں بھی
نہنگوں کے نشیمن جس سے ہوتے ہیں تہ و بالا

غلامی کیا ہے؟ ذوقِ حسن و زیبائی سے محرومی
جسے زیبا کہیں آزاد بندے، ہے وہی زیبا

بھروسا کر نہیں سکتے غلاموں کی بصیرت پر
کہ دنیا میں فقط مردانِ حُر کی آنکھ ہے بینا

وہی ہے صاحبِ امروز جس نے اپنی ہمّت سے
زمانے کے سمندر سے نکالا گوہرِ فردا

فرنگی شیشہ گر کے فن سے پتھر ہو گئے پانی
مری اکسیر نے شیشے کو بخشی سختیِ خارا

رہے ہیں، اور ہیں فرعون میری گھات میں اب تک
مگر کیا غم کہ میری آستیں میں ہے یدِ بیضا

وہ چنگاری خس و خاشاک سے کس طرح دب جائے
جسے حق نے کیا ہو نیستاں کے واسطے پیدا

محبّت خویشتن بینی، محبّت خویشتن داری

محبّت آستانِ قیصر و کسریٰ سے بے پروا
عجب کیا گرمہ و پرویں مرے نخچیر ہو جائیں
"کہ بر فتراکِ صاحب دولتے بستم سرِ خود را"
وہ دانائے سُبل، ختم الرُّسل، مولائے کُل جس نے
غبارِ راہ کو بخشا فروغِ وادیِ سینا
نگاہِ عشق و مستی میں وہی اوّل، وہی آخر
وہی قرآں، وہی فرقاں، وہی یٰسیں، وہی طٰہٰ
سنائی کے ادب سے مَیں نے غوّاصی نہ کی ورنہ
ابھی اس بحر میں باقی ہیں لاکھوں لولوئے لالا

...۲...

یہ کون غزل خواں ہے پرسوز و نشاط انگیز
اندیشۂ دانا کو کرتا ہے جنوں آمیز
گو فقر بھی رکھتا ہے اندازِ ملوکانہ
نا پختہ ہے پرویزی بے سلطنتِ پرویز
اب حجرۂ صوفی میں وہ فقر نہیں باقی
خونِ دلِ شیراں ہو جس فقر کی دستاویز
اے حلقۂ درویشاں! وہ مردِ خدا کیسا
ہو جس کے گریباں میں ہنگامۂ رستا خیز
جو ذِکر کی گرمی سے شعلے کی طرح روشن
جو فکر کی سرعت میں بجلی سے زیادہ تیز!
کرتی ہے ملوکیت آثارِ جنوں پیدا
اللہ کے نشتر ہیں تیمور ہو یا چنگیز
یوں دادِ سخن مجھ کو دیتے ہیں عراق و پارس
یہ کافرِ ہندی ہے بے تیغ و سناں خوں ریز

...۳...

وہ حرفِ راز کہ مجھ کو سِکھا گیا ہے جنوں
خدا مجھے نفَسِ جبرئیل دے تو کہوں
ستارہ کیا مری تقدیر کی خبر دے گا
وہ خود فراخیِ افلاک میں ہے خوار و زبوں
حیات کیا ہے، خیال و نظر کی مجذوبی
خودی کی موت ہے اندیشہ ہائے گونا گوں
عجب مزا ہے، مجھے لذّتِ خودی دے کر
وہ چاہتے ہیں کہ مَیں اپنے آپ میں نہ رہوں
ضمیرِ پاک و نگاہِ بلند و مستیِ شوق
نہ مال و دولتِ قاروں، نہ فکرِ افلاطوں
سبق مِلا ہے یہ معراجِ مصطفیٰؐ سے مجھے
کہ عالمِ بشریّت کی زد میں ہے گردُوں
یہ کائنات ابھی ناتمام ہے شاید
کہ آ رہی ہے دما دم صدائے "کُنْ فَیَکُوْں"
علاج آتشِ رومیؔ کے سوز میں ہے ترا
تری خرد پہ ہے غالب فرنگیوں کا فسوں
اسی کے فیض سے میری نگاہ ہے روشن
اسی کے فیض سے میرے سبُو میں ہے جیحوں

...۴...

عالمِ آب و خاک و باد! سِرِّ عیاں ہے تُو کہ مَیں
وہ جو نظر سے ہے نہاں، اس کا جہاں ہے تُو کہ مَیں
وہ شبِ درد و سوز و غم، کہتے ہیں زندگی جسے
اس کی سحر ہے تُو کہ مَیں، اس کی اذاں ہے تُو کہ مَیں
کس کی نمود کے لیے شام و سحر ہیں گرم سیر
شانۂ روزگار پر بارِ گراں ہے تُو کہ مَیں
تُو کفِ خاک و بے بصر، مَیں کفِ خاک و خود نگر
کشتِ وجود کے لیے آبِ رَواں ہے تُو کہ مَیں

...۵...

(لندن میں لکھے گئے)

تُو ابھی رہ گزر میں ہے، قیدِ مقام سے گزر
مِصر و حجاز سے گزر، پارس و شام سے گزر
جس کا عمل ہے بے غرض، اس کی جزا کچھ اور ہے
حُور و خیام سے گزر، بادہ و جام سے گزر
گرچہ ہے دلکشا بہت حسنِ فرنگ کی بہار
طائرکِ بلند بال، دانہ و دام سے گزر
کوہ شگاف تیری ضرب، تجھ سے کشادِ شرق و غرب
تیغِ ہلال کی طرح عیشِ نیام سے گزر
تیرا امام بے حضور، تیری نماز بے سرور
ایسی نماز سے گزر، ایسے امام سے گزر!

...۶...

امینِ راز ہے مردانِ حُر کی درویشی
کہ جبرئیل سے ہے اس کو نسبتِ خویشی
کسے خبر کہ سفینے ڈبو چکی کتنے
فقیہ و صوفی و شاعر کی نا خوش اندیشی
نگاہِ گرم کہ شیروں کے جس سے ہوش اڑ جائیں
نہ آہِ سرد کہ ہے گوسفندی و میشی
طبیبِ عشق نے دیکھا مجھے تو فرمایا
ترا مرض ہے فقط آرزو کی بے نیشی
وہ شے کچھ اور ہے کہتے ہیں جانِ پاک جسے
یہ رنگ و نم، یہ لہو، آب و ناں کی ہے بیشی

...۷...

پھر چراغِ لالہ سے روشن ہوئے کوہ و دمن
مجھ کو پھر نغموں پہ اکسانے لگا مرغِ چمن
پھول ہیں صحرا میں یا پریاں قطار اندر قطار
اودے اودے، نیلے نیلے، پیلے پیلے پیرہن
برگِ گُل پر رکھ گئی شبنم کا موتی بادِ صبح
اور چمکاتی ہے اس موتی کو سورج کی کرن
حسنِ بے پروا کو اپنی بے نقابی کے لیے
ہوں اگر شہروں سے بن پیارے تو شہر اچھے کہ بن
اپنے من میں ڈوب کر پا جا سراغ زندگی
تُو اگر میرا نہیں بنتا نہ بن، اپنا تو بن
من کی دنیا! من کی دنیا سوز و مستی، جذب و شوق
تن کی دنیا! تن کی دنیا سود و سودا، مکر و فن
من کی دولت ہاتھ آتی ہے تو پھر جاتی نہیں
تن کی دولت چھاؤں ہے، آتا ہے دھن جاتا ہے دھن
من کی دنیا میں نہ پایا مَیں نے افرنگی کا راج
من کی دنیا میں نہ دیکھے مَیں نے شیخ و برہمن
پانی پانی کر گئی مجھ کو قلندر کی یہ بات
تُو جھکا جب غیر کے آگے، نہ من تیرا نہ تن

...۸...

(کابل میں لکھے گئے)

مسلماں کے لہو میں ہے سلیقہ دل نوازی کا
مروّت حسنِ عالم گیر ہے مردانِ غازی کا

شکایت ہے مجھے یا رب! خداوندانِ مکتب سے
سبق شاہیں بچوں کو دے رہے ہیں خاکبازی کا

بہت مدت کے نخچیروں کا اندازِ نگہ بدلا
کہ مَیں نے فاش کر ڈالا طریقہ شاہبازی کا

قلندر جز دو حرفِ ''لَا اِلٰہ'' کچھ بھی نہیں رکھتا
فقیہِ شہر قاروں ہے لغت ہائے حجازی کا

حدیثِ بادہ و مینا و جام آتی نہیں مجھ کو
نہ کر خارا شگافوں سے تقاضا شیشہ سازی کا

کہاں سے تُو نے اے اقبالؔ سیکھی ہے یہ درویشی
کہ چرچا پادشاہوں میں ہے تیری بے نیازی کا

...۹...

عشق سے پیدا نوائے زندگی میں زِیر و بم
عشق سے مٹی کی تصویروں میں سوزِ دم بہ دم
آدمی کے ریشے ریشے میں سما جاتا ہے عشق
شاخِ گل میں جس طرح بادِ سحر گاہی کا نم
اپنے رازق کو نہ پہچانے تو محتاجِ ملوک
اور پہچانے تو ہیں تیرے گدا دارا و جم
دل کی آزادی شہنشاہی، شکم سامانِ موت
فیصلہ تیرا ترے ہاتھوں میں ہے، دل یا شکم؟
اے مسلماں! اپنے دل سے پوچھ، مُلّا سے نہ پوچھ
ہو گیا اللہ کے بندوں سے کیوں خالی حرم

...۱۰...

دل سوز سے خالی ہے، نگہ پاک نہیں ہے
پھر اس میں عجب کیا کہ تُو بے باک نہیں ہے

ہے ذوقِ تجلّی بھی اسی خاک میں پنہاں
غافل! تُو نرا صاحبِ ادراک نہیں ہے

وہ آنکھ کہ ہے سرمۂ افرنگ سے روشن
پرکار و سخن ساز ہے، نم ناک نہیں ہے

کیا صوفی و مُلّا کو خبر میرے جنوں کی
ان کا سرِ دامن بھی ابھی چاک نہیں ہے

کب تک رہے محکومیِ انجم میں مری خاک
یا مَیں نہیں، یا گردشِ افلاک نہیں ہے

بجلی ہُوں، نظر کوہ و بیاباں پہ ہے میری
میرے لیے شایاں خس و خاشاک نہیں ہے

عالم ہے فقط مومنِ جاں باز کی میراث
مومن نہیں جو صاحبِ لولاک نہیں ہے!

...۱۱...

ہزار خوف ہو لیکن زباں ہو دل کی رفیق
یہی رہا ہے ازل سے قلندروں کا طریق
ہجوم کیوں ہے زیادہ شراب خانے میں
فقط یہ بات کہ پیرِ مغاں ہے مردِ خلیق
علاجِ ضعفِ یقیں ان سے ہو نہیں سکتا
غریب اگرچہ ہیں رازی کے نکتہ ہائے دقیق
مریدِ سادہ تو رو رو کے ہو گیا تائب
خدا کرے کہ ملے شیخ کو بھی یہ توفیق
اسی طلسمِ کہن میں اسیر ہے آدم
بغل میں اس کی ہیں اب تک بتانِ عہدِ عتیق
مرے لیے تو ہے اقرار باللّساں بھی بہت
ہزار شکر کہ مُلّا ہیں صاحبِ تصدیق
اگر ہو عشق تو ہے کفر بھی مسلمانی
نہ ہو تو مردِ مسلماں بھی کافر و زندیق

...۱۲...

پوچھ اس سے کہ مقبول ہے فطرت کی گواہی
تُو صاحبِ منزل ہے کہ بھٹکا ہوا راہی
کافر ہے مسلماں تو نہ شاہی نہ فقیری
مومن ہے تو کرتا ہے فقیری میں بھی شاہی
کافر ہے تو شمشیر پہ کرتا ہے بھروسا
مومن ہے تو بے تیغ بھی لڑتا ہے سپاہی
کافر ہے تو ہے تابعِ تقدیر مسلماں
مومن ہے تو وہ آپ ہے تقدیرِ الٰہی
مَیں نے تو کیا پردۂ اَسرار کو بھی چاک
دیرینہ ہے تیرا مرضِ کور نگاہی

...۱۳...

(قرطبہ میں لکھے گئے)

یہ حوریانِ فرنگی، دل و نظر کا حجاب
بہشتِ مغربیاں، جلوہ ہائے پا بہ رکاب
دل و نظر کا سفینہ سنبھال کر لے جا
مہ و ستارہ ہیں بحرِ وجود میں گرداب
جہانِ صوت و صدا میں سما نہیں سکتی
لطیفۂ ازلی ہے فغانِ چنگ و رباب
سِکھا دیئے ہیں اسے شیوہ ہائے خانقہی
فقیہِ شہر کو صوفی نے کر دیا ہے خراب
وہ سجدہ، روحِ زمیں جس سے کانپ جاتی تھی
اسی کو آج ترستے ہیں منبر و محراب
سنی نہ مِصر و فلسطیں میں وہ اذاں مَیں نے
دیا تھا جس نے پہاڑوں کو رعشۂ سیماب
ہوائے قرطبہ! شاید یہ ہے اثر تیرا
مری نوا میں ہے سوز و سرورِ عہدِ شباب

...۱۴...

دلِ بیدار فاروقی، دلِ بیدار کرّاری
مسِ آدم کے حق میں کیمیا ہے دل کی بیداری

دلِ بیدار پیدا کر کہ دل خوابیدہ ہے جب تک
نہ تیری ضرب ہے کاری، نہ میری ضرب ہے کاری

مشامِ تیز سے ملتا ہے صحرا میں نشاں اس کا
ظن و تخمیں سے ہاتھ آتا نہیں آہوئے تاتاری

اس اندیشے سے ضبطِ آہ میں کرتا رہوں کب تک
کہ مغ زادے نہ لے جائیں تری قسمت کی چنگاری

خداوندا یہ تیرے سادہ دل بندے کدھر جائیں
کہ درویشی بھی عیاری ہے، سلطانی بھی عیاری

مجھے تہذیبِ حاضر نے عطا کی ہے وہ آزادی
کہ ظاہر میں تو آزادی ہے، باطن میں گرفتاری

تو اے مولائے یثرب! آپ میری چارہ سازی کر
مری دانش ہے افرنگی، مرا ایماں ہے زُنّاری

...۱۵...

خودی کی شوخی و تندی میں کبر و ناز نہیں
جو ناز ہو بھی تو بے لذّتِ نیاز نہیں
نگاہِ عشق دلِ زندہ کی تلاش میں ہے
شکارِ مردہ سزاوارِ شاہباز نہیں
مری نوا میں نہیں ہے ادائے محبوبی
کہ بانگِ صورِ سرافیل، دل نواز نہیں
سوالِ مے نہ کروں ساقیِ فرنگ سے مَیں
کہ یہ طریقۂ رندانِ پاک باز نہیں
ہوئی نہ عام جہاں میں کبھی حکومتِ عشق
سبب یہ ہے کہ محبّت زمانہ ساز نہیں
اک اضطرابِ مُسلسل، غیاب ہو کہ حضور
مَیں خود کہوں تو مری داستاں دراز نہیں
اگر ہو ذوق تو خلوت میں پڑھ زبورِ عجم
فغانِ نیم شبی بے نوائے راز نہیں

...۱۶...

میرِ سپاہ ناسزا، لشکریاں شکستہ صف
آہ! وہ تیرِ نیم کش جس کا نہ ہو کوئی ہدف

تیرے محیط میں کہیں گوہرِ زندگی نہیں
ڈھونڈ چکا مَیں موج موج، دیکھ چکا صدف صدف

عِشقِ بتاں سے ہاتھ اٹھا، اپنی خودی میں ڈوب جا
نقش و نگارِ دَیر میں خونِ جگر نہ کر تلف

کھول کے کیا بیاں کروں سِرِّ مقامِ مرگ و عشق
عشق ہے مرگِ با شرف، مرگ، حیاتِ بے شرف

صحبتِ پیرِ روم سے مجھ پہ ہوا یہ راز فاش
لاکھ حکیم سر بجیب، ایک کلیم سر بکف

مثلِ کلیم ہو اگر معرکہ آزما کوئی
اب بھی درختِ طُور سے آتی ہے بانگِ ''لَا تَخَفْ''

خیرہ نہ کر سکا مجھے جلوۂ دانشِ فرنگ
سرمہ ہے میری آنکھ کا خاکِ مدینہ و نجف

...۱۷...

(یورپ میں لکھے گئے)

زمستانی ہَوا میں گرچہ تھی شمشیر کی تیزی
نہ چھُوٹے مجھ سے لندن میں بھی آدابِ سحر خیزی
کہیں سرمایۂ محفل تھی میری گرم گفتاری
کہیں سب کو پریشاں کر گئی میری کم آمیزی
زمامِ کار اگر مزدور کے ہاتھوں میں ہو پھر کیا!
طریقِ کوہکن میں بھی وہی حیلے ہیں پرویزی
جلالِ پادشاہی ہو کہ جمہوری تماشا ہو
جدا ہو دیں سیاست سے تو رہ جاتی ہے چنگیزی
سوادِ رومۃ الکبریٰ میں دِلّی یاد آتی ہے
وہی عبرت، وہی عظمت، وہی شانِ دل آویزی

...۱۸...

یہ دیرِ کہن کیا ہے، انبارِ خس و خاشاک
مشکل ہے گزر اس میں بے نالۂ آتش ناک
نخچیرِ محبّت کا قصّہ نہیں طولانی
لطفِ خلشِ پیکاں، آسودگیِ فتراک
کھویا گیا جو مطلب ہفتاد و دو ملّت میں
سمجھے گا نہ تُو جب تک بے رنگ نہ ہو ادراک
اک شرعِ مسلمانی، اک جذبِ مسلمانی
ہے جذبِ مسلمانی سِرِّ فلک الافلاک
اے رہروِ فرزانہ، بے جذبِ مسلمانی
نَے راہِ عمل پیدا نَے شاخِ یقیں نم ناک
رمزیں ہیں محبّت کی گستاخی و بے باکی
ہر شوق نہیں گستاخ، ہر جذب نہیں بے باک
فارغ تو نہ بیٹھے گا محشر میں جنوں میرا
یا اپنا گریباں چاک یا دامنِ یزداں چاک!

...۱۹...

کمالِ ترک نہیں آب و گِل سے مہجوری
کمالِ ترک ہے تسخیرِ خاکی و نوری
مَیں ایسے فقر سے اے اہلِ حلقہ باز آیا
تمھارا فقر ہے بے دولتی و رنجوری
نہ فقر کے لیے موزوں، نہ سلطنت کے لیے
وہ قوم جس نے گنوایا متاعِ تیموری
سنے نہ ساقیِ مہ وش تو اور بھی اچھا
عیارِ گرمیِ صحبت ہے حرفِ معذوری
حکیم و عارف و صوفی، تمام مستِ ظہور
کسے خبر کہ تجلّی ہے عین مستوری
وہ ملتفت ہوں تو کُنجِ قفس بھی آزادی
نہ ہوں تو صحنِ چمن بھی مقامِ مجبوری
برا نہ مان، ذرا آزما کے دیکھ اسے
فرنگ دل کی خرابی، خرد کی معموری

...۲۰...

عقل گو آستاں سے دُور نہیں
اس کی تقدیر میں حضور نہیں
دلِ بینا بھی کر خدا سے طلب
آنکھ کا نور دل کا نور نہیں
علم میں بھی سرور ہے لیکن
یہ وہ جنّت ہے جس میں حُور نہیں
کیا غضب ہے کہ اس زمانے میں
ایک بھی صاحبِ سرور نہیں
اک جنوں ہے کہ با شعُور بھی ہے
اک جنوں ہے کہ با شعُور نہیں
ناصبوری ہے زندگی دل کی
آہ وہ دل کہ ناصبور نہیں
بے حضوری ہے تیری موت کا راز
زندہ ہو تُو تو بے حضور نہیں
ہر گہر نے صدف کو توڑ دیا
تُو ہی آمادۂ ظہور نہیں
اَرِنی مَیں بھی کہہ رہا ہُوں مگر
یہ حدیثِ کلیم و طُور نہیں

...۲۱...

خودی وہ بحر ہے جس کا کوئی کنارہ نہیں
تُو آبجو اسے سمجھا اگر تو چارہ نہیں
طلسمِ گنبدِ گردُوں کو توڑ سکتے ہیں
زُجاج کی یہ عمارت ہے، سنگِ خارہ نہیں
خودی میں ڈوبتے ہیں پھر ابھر بھی آتے ہیں
مگر یہ حوصلۂ مردِ ہیچ کارہ نہیں
ترے مقام کو انجم شناس کیا جانے
کہ خاکِ زندہ ہے تو، تابعِ ستارہ نہیں
یہیں بہشت بھی ہے، حُور و جبرئیل بھی ہے
تری نگہ میں ابھی شوخیِ نظارہ نہیں
مرے جنوں نے زمانے کو خوب پہچانا
وہ پیرہن مجھے بخشا کہ پارہ پارہ نہیں
غضب ہے، عینِ کرم میں بخیل ہے فطرت
کہ لعلِ ناب میں آتش تو ہے، شرارہ نہیں

...۲۲...

یہ پیام دے گئی ہے مجھے بادِ صبح گاہی
کہ خودی کے عارفوں کا ہے مقام پادشاہی
تری زندگی اسی سے، تری آبرو اسی سے
جو رہی خودی تو شاہی، نہ رہی تو روسیاہی
نہ دیا نشانِ منزل مجھے اے حکیم تُو نے
مجھے کیا گلہ ہو تجھ سے، تُو نہ رہ نشیں نہ راہی
مرے حلقۂ سخن میں ابھی زیرِ تربیت ہیں
وہ گدا کہ جانتے ہیں رہ و رسمِ کجکلاہی
یہ معاملے ہیں نازک، جو تری رضا ہو، تُو کر
کہ مجھے تو خوش نہ آیا یہ طریقِ خانقاہی
تُو ہُما کا ہے شکاری، ابھی ابتدا ہے تیری
نہیں مصلحت سے خالی یہ جہانِ مرغ و ماہی
تُو عرب ہو یا عجم ہو، ترا ''لَا اِلٰـہَ اِلّا''
لُغتِ غریب، جب تک ترا دل نہ دے گواہی!

...۲۳...

تری نگاہ فرومایہ، ہاتھ ہے کوتاہ
ترا گنہ کہ نخیلِ بلند کا ہے گناہ
گلا تو گھونٹ دیا اہلِ مدرسہ نے ترا
کہاں سے آئے صدا "لَا اِلٰہَ اِلَّا اللّٰہ"
خودی میں گم ہے خدائی، تلاش کر غافل!
یہی ہے تیرے لیے اب صلاحِ کار کی راہ
حدیثِ دل کسی درویشِ بے گلیم سے پوچھ
خدا کرے تجھے تیرے مقام سے آگاہ
برہنہ سر ہے تو عزمِ بلند پیدا کر
یہاں فقط سرِ شاہیں کے واسطے ہے کلاہ
نہ ہے ستارے کی گردش، نہ بازیِ افلاک
خودی کی موت ہے تیرا زوالِ نعمت و جاہ
اٹھا مَیں مدرسہ و خانقاہ سے غم ناک
نہ زندگی، نہ محبّت، نہ معرفت، نہ نگاہ!

...۲۴...

خرد کے پاس خبر کے سوا کچھ اور نہیں
ترا علاج نظر کے سوا کچھ اور نہیں

ہر اک مقام سے آگے مقام ہے تیرا
حیات ذوقِ سفر کے سوا کچھ اور نہیں

گراں بہا ہے تو حفظِ خودی سے ہے ورنہ
گہر میں آبِ گہر کے سوا کچھ اور نہیں

رگوں میں گردشِ خوں ہے اگر تو کیا حاصل
حیات سوزِ جگر کے سوا کچھ اور نہیں

عروسِ لالہ! مناسب نہیں ہے مجھ سے حجاب
کہ مَیں نسیمِ سحر کے سوا کچھ اور نہیں

جسے کساد سمجھتے ہیں تاجرانِ فرنگ
وہ شے متاعِ ہنر کے سوا کچھ اور نہیں

بڑا کریم ہے اقبالِ بے نوا لیکن
عطائے شعلہ شرر کے سوا کچھ اور نہیں

...۲۵...

نگاہِ فقر میں شانِ سکندری کیا ہے
خراج کی جو گدا ہو، وہ قیصری کیا ہے!
بتوں سے تجھ کو امیدیں، خدا سے نومیدی
مجھے بتا تو سہی اور کافری کیا ہے!
فلک نے ان کو عطا کی ہے خواجگی کہ جنھیں
خبر نہیں روشِ بندہ پروری کیا ہے
فقط نگاہ سے ہوتا ہے فیصلہ دل کا
نہ ہو نگاہ میں شوخی تو دلبری کیا ہے
اسی خطا سے عتابِ ملوک ہے مجھ پر
کہ جانتا ہُوں مآلِ سکندری کیا ہے
کسے نہیں ہے تمنائے سروُری، لیکن
خودی کی موت ہو جس میں وہ سروُری کیا ہے!
خوش آ گئی ہے جہاں کو قلندری میری
وگرنہ شعر مرا کیا ہے، شاعری کیا ہے!

...۲۶...

نہ تُو زمیں کے لیے ہے نہ آسماں کے لیے
جہاں ہے تیرے لیے، تُو نہیں جہاں کے لیے
یہ عقل و دل ہیں شرر شعلۂ محبّت کے
وہ خار و خس کے لیے ہے، یہ نیستاں کے لیے
مقامِ پرورشِ آہ و نالہ ہے یہ چمن
نہ سیرِ گل کے لیے ہے نہ آشیاں کے لیے
رہے گا راوی و نیل و فرات میں کب تک
ترا سفینہ کہ ہے بحرِ بے کراں کے لیے!
نشانِ راہ دکھاتے تھے جو ستاروں کو
ترس گئے ہیں کسی مردِ راہ داں کے لیے
نگہ بلند، سخن دل نواز، جاں پرسوز
یہی ہے رختِ سفر میرِ کارواں کے لیے
ذرا سی بات تھی، اندیشۂ عجم نے اسے
بڑھا دیا ہے فقط زیبِ داستاں کے لیے
مرے گلو میں ہے اک نغمہ جبرئیل آشوب
سنبھال کر جسے رکھا ہے لامکاں کے لیے

...۲۷...

تُو اے اسیرِ مکاں! لامکاں سے دُور نہیں
وہ جلوہ گاہ ترَے خاک داں سے دُور نہیں
وہ مرغزار کہ بیمِ خزاں نہیں جس میں
غمیں نہ ہو کہ ترے آشیاں سے دُور نہیں
یہ ہے خلاصۂ علمِ قلندری کہ حیات
خدنگِ جستہ ہے لیکن کماں سے دُور نہیں
فضا تری مہ و پرویں سے ہے ذرا آگے
قدم اٹھا، یہ مقام آسماں سے دُور نہیں
کہے نہ راہنما سے کہ چھوڑ دے مجھ کو
یہ بات راہروِ نکتہ داں سے دُور نہیں

...۲۸...

(یورپ میں لکھے گئے)

خرد نے مجھ کو عطا کی نظر حکیمانہ
سکھائی عشق نے مجھ کو حدیثِ رندانہ

نہ بادہ ہے، نہ صراحی، نہ دورِ پیمانہ
فقط نگاہ سے رنگیں ہے بزمِ جانانہ

مری نوائے پریشاں کو شاعری نہ سمجھ
کہ مَیں ہُوں محرمِ رازِ درونِ مے خانہ

کلی کو دیکھ کہ ہے تشنۂ نسیمِ سحر
اسی میں ہے مرے دل کا تمام افسانہ

کوئی بتائے مجھے یہ غیاب ہے کہ حضور
سب آشنا ہیں یہاں، ایک مَیں ہوں بیگانہ

فرنگ میں کوئی دن اور بھی ٹھہر جاؤں
مرے جنوں کو سنبھالے اگر یہ ویرانہ

مقامِ عقل سے آساں گزر گیا اقبالؔ
مقامِ شوق میں کھویا گیا وہ فرزانہ

...۲۹...

افلاک سے آتا ہے نالوں کا جواب آخر
کرتے ہیں خطاب آخر، اٹھتے ہیں حجاب آخر

احوالِ محبّت میں کچھ فرق نہیں ایسا
سوز و تب و تاب اوّل، سوز و تب و تاب آخر

مَیں تجھ کو بتاتا ہُوں، تقدیر اُمَم کیا ہے
شمشیر و سناں اوّل، طاؤس و رباب آخر

مے خانۂ یورپ کے دستور نرالے ہیں
لاتے ہیں سرور اوّل، دیتے ہیں شراب آخر

کیا دبدبۂ نادر، کیا شوکتِ تیموری
ہو جاتے ہیں سب دفتر غرقِ مئے ناب آخر

خلوت کی گھڑی گزری، جلوت کی گھڑی آئی
چھٹنے کو ہے بجلی سے آغوشِ سحاب آخر

تھا ضبط بہت مشکل اس سیلِ معانی کا
کہہ ڈالے قلندر نے اَسرارِ کتاب آخر

...۳۰...

ہر شے مسافر، ہر چیز راہی
کیا چاند تارے، کیا مرغ و ماہی
تُو مردِ میداں، تُو میرِ لشکر
نوری حضوری تیرے سپاہی
کچھ قدر اپنی تُو نے نہ جانی
یہ بے سوادی، یہ کم نگاہی!
دنیائے دُوں کی کب تک غلامی
یا راہبی کر یا پادشاہی
پیرِ حرم کو دیکھا ہے مَیں نے
کردار بے سوز، گفتار واہی

...۳۱...

ہر چیز ہے محوِ خود نمائی
ہر ذرّہ شہیدِ کبریائی
بے ذوقِ نمود زندگی، موت
تعمیرِ خودی میں ہے خدائی
رائی زورِ خودی سے پربت
پربت ضعفِ خودی سے رائی
تارے آوارہ و کم آمیز
تقدیرِ وجود ہے جدائی
یہ پچھلے پہر کا زرد رُو چاند
بے راز و نیازِ آشنائی
تیری قندیل ہے ترا دل
تُو آپ ہے اپنی روشنائی
اک تُو ہے کہ حق ہے اس جہاں میں
باقی ہے نمودِ سیمیائی
ہیں عقدہ کشا یہ خارِ صحرا
کم کر گلۂ برہنہ پائی

...۳۲...

اعجاز ہے کسی کا یا گردشِ زمانہ!
ٹوٹا ہے ایشیا میں سحرِ فرنگیانہ
تعمیرِ آشیاں سے مَیں نے یہ راز پایا
اہلِ نوا کے حق میں بجلی ہے آشیانہ
یہ بندگی خدائی، وہ بندگی گدائی
یا بندۂ خدا بن یا بندۂ زمانہ!
غافل نہ ہو خودی سے، کر اپنی پاسبانی
شاید کسی حرم کا تُو بھی ہے آستانہ
اے لَا اِلٰہ کے وارث! باقی نہیں ہے تجھ میں
گفتارِ دلبرانہ، کردارِ قاہرانہ
تیری نگاہ سے دل سینوں میں کانپتے تھے
کھویا گیا ہے تیرا جذبِ قلندرانہ
رازِ حرم سے شاید اقبالؔ باخبر ہے
ہیں اس کی گفتگو کے انداز محرمانہ

...۳۳...

خرد مندوں سے کیا پوچھوں کہ میری ابتدا کیا ہے
کہ مَیں اس فکر میں رہتا ہُوں، میری انتہا کیا ہے
خودی کو کر بلند اتنا کہ ہر تقدیر سے پہلے
خدا بندے سے خود پوچھے، بتا تیری رضا کیا ہے
مقامِ گفتگو کیا ہے اگر مَیں کیمیا گر ہُوں
یہی سوزِ نفَس ہے، اور میری کیمیا کیا ہے!
نظر آئیں مجھے تقدیر کی گہرائیاں اس میں
نہ پوچھ اے ہم نشیں مجھ سے وہ چشمِ سرمہ سا کیا ہے
اگر ہوتا وہ مجذوبِ فرنگی[1] اس زمانے میں
تو اقبالؔ اس کو سمجھاتا مقامِ کبریا کیا ہے
نوائے صبح گاہی نے جگر خوں کر دیا میرا
خدایا جس خطا کی یہ سزا ہے، وہ خطا کیا ہے!

۱ جرمنی کا مشہور مجذوب فلسفی نطشہ جو اپنے قلبی واردات کا صحیح اندازہ نہ کر سکا اور اس لیے اس کے فلسفیانہ افکار نے اسے غلط راستے پر ڈال دیا

...۳۴...

جب عشق سکھاتا ہے آدابِ خود آگاہی
کھُلتے ہیں غلاموں پر اَسرارِ شہنشاہی
عطّارؔ ہو، رومیؔ ہو، رازیؔ ہو، غزالیؔ ہو
کچھ ہاتھ نہیں آتا بے آہِ سحر گاہی
نومید نہ ہو ان سے اے رہبر فرزانہ!
کم کوش تو ہیں لیکن بے ذوق نہَیں راہی
اے طائرِ لاہوتی! اُس رزق سے موت اچھی
جس رزق سے آتی ہو پرواز میں کوتاہی
دارا و سکندر سے وہ مردِ فقیر اولیٰ
ہو جس کی فقیری میں بوئے اسدؓ اللّٰہی
آئینِ جوانمرداں، حق گوئی و بے باکی
اللہ کے شیروں کو آتی نہیں روباہی

...۳۵...

مجھے آہ و فغانِ نیم شب کا پھر پیام آیا
تھم اے رہرو کہ شاید پھر کوئی مشکل مقام آیا
ذرا تقدیر کی گہرائیوں میں ڈوب جا تُو بھی
کہ اس جنگاہ سے میں بن کے تیغِ بے نیام آیا
یہ مصرع لکھ دیا کس شوخ نے محرابِ مسجد پر
یہ ناداں گر گئے سجدوں میں جب وقتِ قیام آیا
چل، اے میری غریبی کا تماشا دیکھنے والے
وہ محفل اٹھ گئی جس دم، تو مجھ تک دَورِ جام آیا
دیا اقبالؔ نے ہندی مسلمانوں کو سوز اپنا
یہ اک مردِ تن آساں تھا، تن آسانوں کے کام آیا
اسی اقبالؔ کی مَیں جستجو کرتا رہا برسوں
بڑی مدت کے بعد آخر وہ شاہیں زیرِ دام آیا

...۳۶...

نہ ہو طغیانِ مشتاقی تو مَیں رہتا نہیں باقی
کہ میری زندگی کیا ہے، یہی طغیانِ مشتاقی
مجھے فطرت نوا پر پے بہ پے مجبور کرتی ہے
ابھی محفل میں ہے شاید کوئی درد آشنا باقی
وہ آتش آج بھی تیرا نشیمن پھونک سکتی ہے
طلب صادق نہ ہو تیری تو پھر کیا شکوۂ ساقی!
نہ کر افرنگ کا اندازہ اس کی تابناکی سے
کہ بجلی کے چراغوں سے ہے اس جوہر کی برّاقی
دلوں میں ولولے آفاق گیری کے نہیں اٹھتے
نگاہوں میں اگر پیدا نہ ہو اندازِ آفاقی
خزاں میں بھی کب آ سکتا تھا مَیں صیّاد کی زد میں
مری غمّاز تھی شاخِ نشیمن کی کم اَوراقی
الٹ جائیں گی تدبیریں، بدل جائیں گی تقدیریں
حقیقت ہے، نہیں میرے تخیل کی یہ خلاقی

...۳۷...

فطرت کو خرد کے روبرو کر
تسخیرِ مقامِ رنگ و بو کر
تُو اپنی خودی کو کھو چکا ہے
کھوئی ہوئی شے کی جستجو کر
تاروں کی فضا ہے بیکرانہ
تُو بھی یہ مقام آرزو کر
عریاں ہیں ترے چمن کی حوریں
چاکِ گل و لالہ کو رفو کر
بے ذوق نہیں اگرچہ فطرت
جو اس سے نہ ہو سکا، وہ تُو کر!

...۳۸...

یہ پیرانِ کلیسا و حرم، اے وائے مجبوری!
صلہ ان کی کد و کاوش کا ہے سینوں کی بے نوری
یقیں پیدا کر اے ناداں! یقیں سے ہاتھ آتی ہے
وہ درویشی، کہ جس کے سامنے جھکتی ہے فغفوری
کبھی حیرت، کبھی مستی، کبھی آہِ سحرگاہی
بدلتا ہے ہزاروں رنگ میرا دردِ مہجوری
حدِ ادراک سے باہر ہیں باتیں عشق و مستی کی
سمجھ میں اس قدر آیا کہ دل کی موت ہے، دُوری
وہ اپنے حسن کی مستی سے ہیں مجبور پیدائی
مری آنکھوں کی بینائی میں ہیں اسبابِ مستوری
کوئی تقدیر کی منطق سمجھ سکتا نہیں ورنہ
نہ تھے ترکانِ عثمانی سے کم ترکانِ تیموری
فقیرانِ حرم کے ہاتھ اقبالؔ آ گیا کیونکر
میسر میر و سلطاں کو نہیں شاہینِ کافوری

...۳۹...

تازہ پھر دانشِ حاضر نے کیا سحرِ قدیم
گزر اس عہد میں ممکن نہیں بے چوبِ کلیم

عقل عیّار ہے، سو بھیس بنا لیتی ہے
عشق بے چارہ نہ مُلّا ہے نہ زاہد نہ حکیم!

عیشِ منزل ہے غریبانِ محبّت پہ حرام
سب مسافر ہیں، بظاہر نظر آتے ہیں مقیم

ہے گراں سیر غمِ راحلہ و زاد سے تُو
کوہ و دریا سے گزر سکتے ہیں مانندِ نسیم

مردِ درویش کا سرمایہ ہے آزادی و مرگ
ہے کسی اور کی خاطر یہ نصابِ زر و سیم

...۴۰...

ستاروں سے آگے جہاں اور بھی ہیں
ابھی عشق کے امتحاں اور بھی ہیں
تہی زندگی سے نہیں یہ فضائیں
یہاں سینکڑوں کارواں اور بھی ہیں
قناعت نہ کر عالمِ رنگ و بو پر
چمن اور بھی آشیاں اور بھی ہیں
اگر کھو گیا اک نشیمن تو کیا غم
مقاماتِ آہ و فغاں اور بھی ہیں
تُو شاہیں ہے پرواز ہے کام تیرا
ترے سامنے آسماں اور بھی ہیں
اسی روز و شب میں الجھ کر نہ رہ جا
کہ تیرے زمان و مکاں اور بھی ہیں
گئے دن کہ تنہا تھا مَیں انجمن میں
یہاں اب مرے رازداں اور بھی ہیں

...۴۱...

(فرانس میں لکھے گئے)

ڈھونڈ رہا ہے فرنگ عیشِ جہاں کا دوام
وائے تمنائے خام، وائے تمنائے خام!
پیرِ حرم نے کہا سن کے مری رویداد
پختہ ہے تیری فغاں، اب نہ اسے دل میں تھام
تھا اَرِنی گو کلیم، مَیں اَرِنی گو نہیں
اس کو تقاضا روا، مجھ پہ تقاضا حرام
گرچہ ہے افشائے راز، اہلِ نظر کی فغاں
ہو نہیں سکتا کبھی شیوۂ رندانہ عام
حلقۂ صوفی میں ذِکر، بے نم و بے سوز و ساز
مَیں بھی رہا تشنہ کام، تُو بھی رہا تشنہ کام
عشق تری انتہا، عشق مری انتہا
تُو بھی ابھی ناتمام، مَیں بھی ابھی ناتمام
آہ کہ کھویا گیا تجھ سے فقیری کا راز
ورنہ ہے مالِ فقیر، سلطنتِ روم و شام

...۴۲...

خودی ہو عِلم سے محکم تو غیرتِ جبریل
اگر ہو عشق سے محکم تو صورِ اسرافیلؑ
عذابِ دانشِ حاضر سے باخبر ہُوں مَیں
کہ مَیں اس آگ میں ڈالا گیا ہُوں مثلِ خلیلؑ
فریب خوردۂ منزل ہے کارواں ورنہ
زیادہ راحتِ منزل سے ہے نشاطِ رحیل
نظر نہیں تو مرے حلقۂ سخن میں نہ بیٹھ
کہ نکتہ ہائے خودی ہیں مثالِ تیغِ اصیل
مجھے وہ درسِ فرنگ آج یاد آتے ہیں
کہاں حضور کی لذّت، کہاں حجابِ دلیل!
اندھیری شب ہے، جدا اپنے قافلے سے ہے تُو
ترے لیے ہے مرا شعلۂ نوا، قندیل
غریب و سادہ و رنگیں ہے داستانِ حرم
نہایت اس کی حُسینؓ، ابتدا ہے اسماعیلؑ

...۴۳...

مکتبوں میں کہیں رعنائیِ افکار بھی ہے؟
خانقاہوں میں کہیں لذّتِ اَسرار بھی ہے؟

منزلِ راہرواں دُور بھی، دشوار بھی ہے
کوئی اس قافلے میں قافلہ سالار بھی ہے؟

بڑھ کے خیبر سے ہے یہ معرکۂ دین و وطن
اس زمانے میں کوئی حیدرِ کرارؓ بھی ہے؟

عِلم کی حد سے پرے، بندۂ مومن کے لیے
لذّتِ شوق بھی ہے، نعمتِ دیدار بھی ہے

پیرِ مے خانہ یہ کہتا ہے کہ ایوانِ فرنگ
سست بنیاد بھی ہے، آئنہ دیوار بھی ہے!

...۴۴...

حادثہ وہ جو ابھی پردۂ افلاک میں ہے
عکس اس کا مرے آئینۂ ادراک میں ہے
نہ ستارے میں ہے، نَے گردشِ افلاک میں ہے
تیری تقدیر مرے نالۂ بے باک میں ہے
یا مری آہ میں کوئی شررِ زندہ نہیں
یا ذرا نم ابھی تیرے خس و خاشاک میں ہے
کیا عجب میری نوا ہائے سحر گاہی سے
زندہ ہو جائے وہ آتش کہ تری خاک میں ہے
توڑ ڈالے گی یہی خاک طلسمِ شب و روز
گرچہ الجھی ہوئی تقدیر کے پیچاک میں ہے

...۴۵...

رہا نہ حلقۂ صوفی میں سوزِ مشتاقی
فسانہ ہائے کرامات رہ گئے باقی
خراب کوشکِ سلطان و خانقاہِ فقیر
فغاں کہ تخت و مصلّیٰ کمالِ زرّاقی
کرے گی داورِ محشر کو شرمسار اک روز
کتابِ صوفی و مُلّا کی سادہ اوراقی
نہ چینی و عرَبی وہ، نہ رومی و شامی
سما سکا نہ دو عالم میں مردِ آفاقی
مئے شبانہ کی مستی تو ہو چکی، لیکن
کھٹک رہا ہے دلوں میں کرشمۂ ساقی
چمن میں تلخ نوائی مری گوارا کر
کہ زہر بھی کبھی کرتا ہے کارِ تریاقی
عزیز تر ہے متاعِ امیر و سلطاں سے
وہ شعر جس میں ہو بجلی کا سوز و برّاقی

...۴۶...

ہوا نہ زور سے اس کے کوئی گریباں چاک
اگرچہ مغربیوں کا جنوں بھی تھا چالاک
مئے یقیں سے ضمیرِ حیات ہے پرسوز
نصیبِ مدرسہ یا رب یہ آبِ آتش ناک
عروجِ آدمِ خاکی کے منتظر ہیں تمام
یہ کہکشاں، یہ ستارے، یہ نیلگوں افلاک
یہی زمانۂ حاضر کی کائنات ہے کیا
دماغ روشن و دل تیرہ و نگہ بے باک
تُو بے بصر ہو تو یہ مانعِ نگاہ بھی ہے
وگرنہ آگ ہے مومن، جہاں خس و خاشاک
زمانہ عقل کو سمجھا ہوا ہے مشعلِ راہ
کسے خبر کہ جنوں بھی ہے صاحبِ ادراک
جہاں تمام ہے میراث مردِ مومن کی
مرے کلام پہ حجّت ہے نکتۂ لولاک

...۴۷...

یوں ہاتھ نہیں آتا وہ گوہرِ یک دانہ
یک رنگی و آزادی اے ہمتِ مردانہ!
یا سنجرؔ و طغرلؔ کا آئینِ جہاں گیری
یا مردِ قلندر کے اندازِ ملوکانہ!
یا حیرتِ فارابیؔ یا تاب و تبِ رومیؔ
یا فکرِ حکیمانہ یا جذبِ کلیمانہ!
یا عقل کی روباہی یا عِشقِ یدُ اللّٰہی
یا حیلۂ افرنگی یا حملۂ ترکانہ!
یا شرعِ مسلمانی یا دَیر کی دربانی
یا نعرۂ مستانہ، کعبہ ہو کہ بت خانہ!
میری میں فقیری میں، شاہی میں غلامی میں
کچھ کام نہیں بنتا بے جرأتِ رندانہ

...۴۸...

نہ تخت و تاج میں، نَے لشکر و سپاہ میں ہے
جو بات مردِ قلندر کی بارگاہ میں ہے
صنم کدہ ہے جہاں اور مردِ حق ہے خلیلؑ
یہ نکتہ وہ ہے کہ پوشیدہ ''لَا اِلٰہ'' میں ہے
وہی جہاں ہے ترا جس کو تُو کرے پیدا
یہ سنگ و خشت نہیں، جو تری نگاہ میں ہے
مہ و ستارہ سے آگے مقام ہے جس کا
وہ مُشتِ خاک ابھی آوارگانِ راہ میں ہے
خبر ملی ہے خدایانِ بحر و بر سے مجھے
فرنگ رہ گزرِ سیلِ بے پناہ میں ہے
تلاش اس کی فضاؤں میں کر نصیب اپنا
جہانِ تازہ مری آہِ صبح گاہ میں ہے
مرے کدو کو غنیمت سمجھ کہ بادۂ ناب
نہ مدرسے میں ہے باقی نہ خانقاہ میں ہے

...۴۹...

فطرت نے نہ بخشا مجھے اندیشۂ چالاک
رکھتی ہے مگر طاقتِ پرواز مری خاک
وہ خاک کہ ہے جس کا جنوں صیقلِ ادراک
وہ خاک کہ جبریل کی ہے جس سے قبا چاک
وہ خاک کہ پروائے نشیمن نہیں رکھتی
چنتی نہیں پہنائے چمن سے خس و خاشاک
اس خاک کو اللہ نے بخشے ہیں وہ آنسو
کرتی ہے چمک جن کی ستاروں کو عرق ناک

...۵۰...

کریں گے اہلِ نظر تازہ بستیاں آباد
مری نگاہ نہیں سوئے کوفہ و بغداد

یہ مدرسہ، یہ جواں، یہ سرور و رعنائی
اِنھیں کے دم سے ہے میخانۂ فرنگ آباد

نہ فلسفی سے، نہ مُلّا سے ہے غرض مجھ کو
یہ دل کی موت، وہ اندیشۂ نظر کا فساد

فقیہِ شہر کی تحقیر! کیا مجال مری
مگر یہ بات کہ مَیں ڈھونڈتا ہُوں دل کی کشاد

خرید سکتے ہیں دنیا میں عشرتِ پرویز
خدا کی دین ہے سرمایۂ غمِ فرہاد

کیے ہیں فاش رموزِ قلندری مَیں نے
کہ فکرِ مدرسہ و خانقاہ ہو آزاد

رَشی کے فاقوں سے ٹوٹا نہ برہمن کا طلسم
عصا نہ ہو تو کلیمی ہے کارِ بے بنیاد

...۵۱...

کی حق سے فرشتوں نے اقبالؔ کی غمّازی
گستاخ ہے، کرتا ہے فطرت کی حنا بندی
خاکی ہے مگر اس کے انداز ہیں افلاکی
رومی ہے نہ شامی ہے، کاشی نہ سمرقندی
سکھلای فرشتوں کو آدم کی تڑپ اس نے
آدم کو سکھاتا ہے آدابِ خداوندی!

...۵۲...

نَے مہرہ باقی نَے مہرہ بازی
جیتا ہے رومیؔ ہارا ہے رازیؔ

روشن ہے جامِ جمشید اب تک
شاہی نہیں ہے بے شیشہ بازی

دل ہے مسلماں میرا نہ تیرا
تُو بھی نمازی مَیں بھی نمازی

مَیں جانتا ہُوں انجام اس کا
جس معرکے میں مُلّا ہوں غازی

ترکی بھی شیریں تازی بھی شیریں
حرفِ محبّت ترکی نہ تازی

آذر کا پیشہ خارا تراشی
کارِ خلیلاں خارا گدازی

تُو زندگی ہے پایندگی ہے
باقی ہے جو کچھ سب خاک بازی

...۵۳...

گرمِ فغاں ہے جرس، اٹھ کہ گیا قافلہ
وائے وہ رہرو کہ ہے منتظرِ راحلہ!
تیری طبیعت ہے اور، تیرا زمانہ ہے اور
تیرے موافق نہیں خانقہی سلسلہ
دل ہو غلامِ خرد یا کہ امامِ خرد
سالکِ رَہ، ہوشیار! سخت ہے یہ مرحلہ
اس کی خودی ہے ابھی شام و سحر میں اسیر
گردشِ دوراں کا ہے جس کی زباں پر گلہ
تیرے نفَس سے ہوئی آتشِ گل تیز تر
مرغِ چمن! ہے یہی تیری نوا کا صلہ

...۵۴...

مری نوا سے ہوئے زندہ عارف و عامی
دیا ہے مَیں نے انہیں ذوقِ آتش آشامی
حرم کے پاس کوئی اعجمی ہے زمزمہ سنج
کہ تار تار ہوئے جامہ ہائے احرامی
حقیقتِ ابدی ہے مقامِ شبیری
بدلتے رہتے ہیں اندازِ کوفی و شامی
مجھے یہ ڈر ہے مُقامِر ہیں پختہ کار بہت
نہ رنگ لائے کہیں تیرے ہاتھ کی خامی
عجب نہیں کہ مسلماں کو پھر عطا کر دیں
شکوہِ سنجر و فقرِ جنید و بسطامی
قبائے عِلم و ہنر لطفِ خاص ہے، ورنہ
تری نگاہ میں تھی میری نا خوش اندامی!

...۵۵...

ہر اک مقام سے آگے گزر گیا مہِ نَو
کمال کس کو میسر ہُوا ہے بے تگ و دو
نفَس کے زور سے وہ غنچہ وا ہوا بھی تو کیا
جسے نصیب نہیں آفتاب کا پرتَو
نگاہ پاک ہے تیری تو پاک ہے دل بھی
کہ دل کو حق نے کیا ہے نگاہ کا پیرو
پنپ سکا نہ خیاباں میں لالۂ دل سوز
کہ ساز گار نہیں یہ جہانِ گندم و جَو
رہے نہ ایبک و غوری کے معرکے باقی
ہمیشہ تازہ و شیریں ہے نغمۂ خسرو

...۵۶...

کھو نہ جا اس سحر و شام میں اے صاحبِ ہوش!
اک جہاں اور بھی ہے جس میں نہ فردا ہے نہ دوش
کس کو معلوم ہے ہنگامۂ فردا کا مقام
مسجد و مکتب و مے خانہ ہیں مدت سے خموش
مَیں نے پایا ہے اسے اشکِ سحر گاہی میں
جس درِ ناب سے خالی ہے صدف کی آغوش
نئی تہذیب تکلف کے سوا کچھ بھی نہیں
چہرہ روشن ہو تو کیا حاجتِ گلگونہ فروش!
صاحبِ ساز کو لازم ہے کہ غافل نہ رہے
گاہے گاہے غلط آہنگ بھی ہوتا ہے سروش

...۵۷...

تھا جہاں مدرسۂ شیری و شہنشاہی
آج ان خانقہوں میں ہے فقط روباہی
نظر آئی نہ مجھے قافلہ سالاروں میں
وہ شبانی کہ ہے تمہیدِ کلیم اللّٰہی
لذّتِ نغمہ کہاں مرغِ خوش الحاں کے لیے
آہ، اس باغ میں کرتا ہے نفَس کوتاہی
ایک سرمستی و حیرت ہے سراپا تاریک
ایک سرمستی و حیرت ہے تمام آگاہی
صفتِ برق چمکتا ہے مرا فکرِ بلند
کہ بھٹکتے نہ پھریں ظلمتِ شب میں راہی

...۵۸...

ہے یاد مجھے نکتۂ سلمانِ[2] خوش آہنگ
دنیا نہیں مردانِ جفاکش کے لیے تنگ
چیتے کا جگر چاہیے، شاہیں کا تجسس
جی سکتے ہیں بے روشنیِ دانش و فرہنگ
کر بلبل و طاؤس کی تقلید سے توبہ
بلبل فقط آواز ہے، طاؤس فقط رنگ!

۲ سلمان: مسعود سور سلیمان - غزنوی دَور کا نام وَر ایرانی شاعر جو غالباً لاہور میں پیدا ہوا

...۵۹...

فقُر کے ہیں معجزات تاج و سریر و سپاہ
فقُر ہے میروں کا میر، فقُر ہے شاہوں کا شاہ
عِلم کا مقصود ہے پاکیِ عقل و خرد
فقُر کا مقصود ہے عِفّتِ قلب و نگاہ
عِلم فقیہ و حکیم، فقُر مسیح و کلیم
عِلم ہے جویائے راہ، فقُر ہے دانائے راہ
فقُر مقامِ نظر، عِلم مقامِ خبر
فقُر میں مستی ثواب، عِلم میں مستی گناہ
عِلم کا ''موجود'' اور، فقُر کا ''موجود'' اور
''اَشْہَدُ اَنْ لَّآ اِلٰہ، اَشْہَدُ اَنْ لَّآ اِلٰہ''
چڑھتی ہے جب فقُر کی سان پہ تیغِ خودی
ایک سپاہی کی ضرب کرتی ہے کارِ سپاہ
دل اگر اس خاک میں زندہ و بیدار ہو
تیری نگہ توڑ دے آئنۂ مہر و ماہ

...۶۰...

کمال جوشِ جنوں میں رہا مَیں گرمِ طواف
خدا کا شکر، سلامت رہا حرم کا غلاف

یہ اتفاق مبارک ہو مومنوں کے لیے
کہ یک زباں ہیں فقیہانِ شہر میرے خلاف

تڑپ رہا ہے فلاطوں میانِ غیب و حضور
ازل سے اہلِ خرد کا مقام ہے اعراف

ترے ضمیر پہ جب تک نہ ہو نزولِ کتاب
گرہ کشا ہے نہ رازیؔ نہ صاحبِ کشّافؔ

سرور و سوز میں ناپائدار ہے، ورنہ
مئے فرنگ کا تہ جرعہ بھی نہیں ناصاف

...۶۱...

شعُور و ہوش و خرد کا معاملہ ہے عجیب
مقامِ شوق میں ہیں سب دل و نظر کے رقیب
مَیں جانتا ہُوں جماعت کا حشر کیا ہو گا
مسائلِ نظری میں اُلجھ گیا ہے خطیب
اگرچہ میرے نشیمن کا کر رہا ہے طواف
مری نوا میں نہیں طائرِ چمن کا نصیب
سنا ہے مَیں نے سخن رس ہے ترکِ عثمانی
سنائے کون اسے اقبالؔ کا یہ شعرِ غریب
سمجھ رہے ہیں وہ یورپ کو ہم جوار اپنا
ستارے جن کے نشیمن سے ہیں زیادہ قریب!

قطعہ

اندازِ بیاں گرچہ بہت شوخ نہیں ہے
شاید کہ اتر جائے ترے دل میں مری بات
یا وسعتِ افلاک میں تکبیرِ مسلسل
یا خاک کے آغوش میں تسبیح و مناجات
وہ مذہبِ مردانِ خود آگاہ و خدا مست
یہ مذہبِ مُلّا و جمادات و نباتات

رباعیات

...۱...

رہ و رسمِ حرم نا محرمانہ
کلیسا کی ادا سوداگرانہ
تبرک ہے مرا پیراہنِ چاک
نہیں اہلِ جنوں کا یہ زمانہ

...۲...

ظلامِ بحر میں کھو کر سنبھل جا
تڑپ جا، پیچ کھا کھا کر بدل جا
نہیں ساحل تری قسمت میں اے موج
ابھر کر جس طرف چاہے نکل جا!

...۳...

مکانی ہُوں کہ آزادِ مکاں ہُوں
جہاں بیں ہُوں کہ خود سارا جہاں ہُوں
وہ اپنی لامکانی میں رہیں مست
مجھے اتنا بتا دیں میں کہاں ہُوں!

...۴...

خودی کی خلوتوں میں گم رہا مَیں
خدا کے سامنے گویا نہ تھا مَیں
نہ دیکھا آنکھ اٹھا کر جلوۂ دوست
قیامت میں تماشا بن گیا مَیں!

...۵...

پریشاں کاروبارِ آشنائی
پریشاں تر مری رنگیں نوائی!
کبھی مَیں ڈھونڈتا ہُوں لذّتِ وصل
خوش آتا ہے کبھی سوزِ جدائی!

...۶...

یقیں، مثلِ خلیلؑ آتش نشینی
یقیں، اللہ مستی، خود گزینی
سن، اے تہذیبِ حاضر کے گرفتار
غلامی سے بتر ہے بے یقینی

...۷...

عرب کے سوز میں سازِ عجم ہے
حرم کا راز توحیدِ اُمَم ہے
تہی وحدت سے ہے اندیشۂ غرب
کہ تہذیبِ فرنگی بے حرم ہے

...۸...

کوئی دیکھے تو میری نَے نوازی
نفَس ہندی، مقامِ نغمہ تازی
نگہ آلودۂ اندازِ افرنگ
طبیعت غزنوی، قسمت ایازی!

...۹...

ہر اک ذرّہ میں ہے شاید مکیں دل
اسی جلوت میں ہے خلوت نشیں دل
اسیرِ دوش و فردا ہے وَلیکن
غلامِ گردشِ دوراں نہیں دل

...۱۰...

ترا اندیشہ افلاکی نہیں ہے
تری پرواز لولاکی نہیں ہے
یہ مانا اصل شاہینی ہے تیری
تری آنکھوں میں بے باکی نہیں ہے

...۱۱...

نہ مومن ہے نہ مومن کی امیری
رہا صوفی، گئی روشن ضمیری
خدا سے پھر وہی قلب و نظر مانگ
نہیں ممکن امیری بے فقیری

...۱۲...

خودی کی جلوتوں میں مصطفائی
خودی کی خلوتوں میں کبریائی
زمین و آسمان و کرسی و عرش
خودی کی زد میں ہے ساری خدائی!

...۱۳...

نگہ الجھی ہوئی ہے رنگ و بُو میں
خرد کھوئی گئی ہے چار سُو میں
نہ چھوڑ اے دل فغانِ صبح گاہی
اماں شاید ملے، اللہ ھُو میں!

...۱۴...

جمالِ عشق و مستی نَے نوازی
جلالِ عشق و مستی بے نیازی
کمالِ عشق و مستی ظرفِ حیدرؓ
زوالِ عشق و مستی حرفِ رازیؔ

...۱۵...

وہ میرا رونقِ محفل کہاں ہے
مری بجلی، مرا حاصل کہاں ہے
مقام اس کا ہے دل کی خلوتوں میں
خدا جانے مقامِ دل کہاں ہے!

...۱۶...

سوارِ ناقہ و محمل نہیں مَیں
نشانِ جادہ ہُوں، منزل نہیں مَیں
مری تقدیر ہے خاشاک سوزی
فقط بجلی ہُوں مَیں، حاصل نہیں مَیں

...۱۷...

ترے سینے میں دم ہے، دل نہیں ہے
ترا دم گرمیِ محفل نہیں ہے
گزر جا عقل سے آگے کہ یہ نور
چراغِ راہ ہے، منزل نہیں ہے

...۱۸...

ترا جوہر ہے نوری، پاک ہے تُو
فروغِ دیدۂ افلاک ہے تُو
ترے صیدِ زبوں افرشتہ و حُور
کہ شاہینِ شہِ لولاک ہے تُو!

...۱۹...

محبّت کا جنوں باقی نہیں ہے
مسلمانوں میں خوں باقی نہیں ہے
صفیں کج، دل پریشاں، سجدہ بے ذوق
کہ جذبِ اندروں باقی نہیں ہے

...۲۰...

خودی کے زور سے دنیا پہ چھا جا
مقامِ رنگ و بو کا راز پا جا
برنگِ بحر، ساحل آشنا رہ
کفِ ساحل سے دامن کھینچتا جا

...۲۱...

چمن میں رختِ گل شبنم سے تر ہے
سمن ہے، سبزہ ہے، بادِ سحر ہے
مگر ہنگامہ ہو سکتا نہیں گرم
یہاں کا لالہ بے سوزِ جگر ہے

...۲۲...

خرد سے راہرو روشن بصر ہے
خرد کیا ہے، چراغِ رہ گزر ہے
دَرُونِ خانہ ہنگامے ہیں کیا کیا
چراغِ رہ گزر کو کیا خبر ہے!

...۲۳...

جوانوں کو مری آہِ سحر دے
پھر ان شاہیں بچوں کو بال و پر دے
خدایا! آرزو میری یہی ہے
مرا نورِ بصیرت عام کر دے

...۲۴...

تری دنیا جہانِ مرغ و ماہی
مری دنیا فغانِ صبح گاہی
تری دنیا میں مَیں محکوم و مجبور
مری دنیا میں تیری پادشاہی!

...۲۵...

کرم تیرا کہ بے جوہر نہیں مَیں
غلامِ طغرل و سنجر نہیں مَیں
جہاں بینی مری فطرت ہے لیکن
کسی جمشید کا ساغر نہیں مَیں

...۲۶...

وہی اصلِ مکان و لامکاں ہے
مکاں کیا شے ہے، اندازِ بیاں ہے
خضر کیونکر بتائے، کیا بتائے
اگر ماہی کہے دریا کہاں ہے

...۲۷...

کبھی آوارہ و بے خانماں عشق
کبھی شاہِ شہاں نوشیرواں عشق
کبھی میداں میں آتا ہے زِرہ پوش
کبھی عریان و بے تیغ و سناں عشق!

...۲۸...

کبھی تنہائیِ کوہ و دمن عشق
کبھی سوز و سرور و انجمن عشق
کبھی سرمایۂ محراب و منبر
کبھی مولا علیؑ، خیبر شکن عشق!

...۲۹...

عطا اسلاف کا جذبِ دروں کر
شریکِ زمرۂ ''لَا یَحْزَنُوْن'' کر
خرد کی گتھیاں سلجھا چکا مَیں
مرے مولا مجھے صاحب جنوں کر!

...۳۰...

یہ نکتہ مَیں نے سیکھا بوالحسن سے
کہ جاں مرتی نہیں مرگِ بدن سے
چمک سورج میں کیا باقی رہے گی
اگر بیزار ہو اپنی کرن سے!

...۳۱...

خرد واقف نہیں ہے نیک و بد سے
بڑھی جاتی ہے ظالم اپنی حد سے
خدا جانے مجھے کیا ہو گیا ہے
خرد بیزار دل سے، دل خرد سے!

...۳۲...

خدائی اہتمامِ خشک و تر ہے
خداوندا! خدائی دردِ سر ہے
وَلیکن بندگی، اَسْتَغْفِرُ اللہ!
یہ دردِ سر نہیں، دردِ جگر ہے

...۳۳...

یہی آدم ہے سلطاں بحر و بر کا
کہوں کیا ماجرا اس بے بصر کا
نہ خود بیں، نَے خدا بیں نَے جہاں بیں
یہی شہکار ہے تیرے ہنر کا؟

...۳۴...

دمِ عارف نسیمِ صبح دم ہے
اسی سے ریشۂ معنی میں نم ہے
اگر کوئی شعیب آئے میسر
شبانی سے کلیمی دو قدم ہے

...۳۵...

رگوں میں وہ لہو باقی نہیں ہے
وہ دل، وہ آرزو باقی نہیں ہے
نماز و روزہ و قربانی و حج
یہ سب باقی ہیں، تُو باقی نہیں ہے

...۳۶...

کھُلے جاتے ہیں اَسرارِ نہانی
گیا دورِ حدیثِ لن ترانی
ہوئی جس کی خودی پہلے نمودار
وہی مہدی، وہی آخر زمانی!

...۳۷...

زمانے کی یہ گردش جاودانہ
حقیقت ایک تُو، باقی فسانہ
کسی نے دوش دیکھا ہے نہ فردا
فقط امروز ہے تیرا زمانہ

...۳۸...

حکیمی، نامسلمانی خودی کی
کلیمی، رمزِ پنہانی خودی کی
تجھے گُر فقرَ و شاہی کا بتا دوں
غریبی میں نگہبانی خودی کی!

...۳۹...

ترا تن روح سے نا آشنا ہے
عجب کیا! آہ تیری نارسا ہے
تنِ بے روح سے بیزار ہے حق
خدائے زندہ، زندوں کا خدا ہے

قطعہ

اقبالؔ نے کل اہلِ خیاباں کو سنایا
یہ شعرِ نشاط آور و پر سوز و طرب ناک
مَیں صورتِ گُل دستِ صبا کا نہیں محتاج
کرتا ہے مرا جوشِ جنوں میری قبا چاک

منظومات

دعا

(مسجد قرطبہ میں لکھی گئی)

ہے یہی میری نماز، ہے یہی میرا وضو
میری نواؤں میں ہے میرے جگر کا لہو
صحبتِ اہلِ صفا، نور و حضور و سرور
سرخوش و پُر سوز ہے لالہ لبِ آبجو
راہِ محبّت میں ہے کون کسی کا رفیق
ساتھ مرے رہ گئی ایک مری آرزو
میرا نشیمن نہیں درگہِ میر و وزیر
میرا نشیمن بھی تُو، شاخِ نشیمن بھی تُو
تجھ سے گریباں مرا مطلعِ صبحِ نشور
تجھ سے مرے سینے میں آتشِ "اللّٰہ ھُو"
تجھ سے مری زندگی سوز و تب و درد و داغ
تُو ہی مری آرزو، تُو ہی مری جستجو
پاس اگر تُو نہیں، شہر ہے ویراں تمام
تُو ہے تو آباد ہیں اجڑے ہوئے کاخ و کو
پھر وہ شرابِ کہن مجھ کو عطا کر کہ مَیں
ڈھونڈ رہا ہُوں اسے توڑ کے جام و سبُو
چشمِ کرم ساقیا! دیر سے ہیں منتظر
جلوَتیوں کے سبُو، خلوتیوں کے کدو
تیری خدائی سے ہے میرے جنوں کو گلہ
اپنے لیے لامکاں، میرے لیے چار سُو!
فلسفہ و شعر کی اور حقیقت ہے کیا
حرفِ تمنّا، جسے کہہ نہ سکیں رو برو

مسجدِ قرطبہ

(ہسپانیہ کی سرزمین، بالخصوص قرطبہ میں لکھی گئی)

سلسلۂ روز و شب، نقش گرِ حادثات
سلسلۂ روز و شب، اصلِ حیات و ممات
سلسلۂ روز و شب، تارِ حریرِ دو رنگ
جس سے بناتی ہے ذات اپنی قبائے صفات
سلسلۂ روز و شب، سازِ ازل کی فغاں
جس سے دکھاتی ہے ذات زیر و بمِ ممکنات
تجھ کو پرکھتا ہے یہ، مجھ کو پرکھتا ہے یہ
سلسلۂ روز و شب، صیرفیِ کائنات
تُو ہو اگر کم عیار، مَیں ہُوں اگر کم عیار
موت ہے تیری برات، موت ہے میری برات
تیرے شب و روز کی اور حقیقت ہے کیا
ایک زمانے کی رَو جس میں نہ دن ہے نہ رات
آنی و فانی تمام معجزہ ہائے ہنر
کارِ جہاں بے ثبات، کارِ جہاں بے ثبات!
اوّل و آخر فنا، باطن و ظاہر فنا
نقشِ کہن ہو کہ نَو، منزلِ آخر فنا

ہے مگر اس نقش میں رنگِ ثباتِ دوام
جس کو کِیا ہو کسی مردِ خُدا نے تمام

مردِ خُدا کا عمل عشق سے صاحب فروغ
عشق ہے اصلِ حیات، موت ہے اس پر حرام
تند و سبک سیر ہے گرچہ زمانے کی رو
عشق خود اک سیل ہے، سیل کو لیتا ہے تھام
عشق کی تقویم میں عصرِ رواں کے سوا
اور زمانے بھی ہیں جن کا نہیں کوئی نام
عشق دمِ جبرئیل، عشق دلِ مصطفیٰؐ
عشق خدا کا رسول، عشق خدا کا کلام
عشق کی مستی سے ہے پیکرِ گل تابناک
عشق ہے صہبائے خام، عشق ہے کاس الکرام
عشق فقیہِ حرم، عشق امیرِ جنود
عشق ہے ابن السبیل، اس کے ہزاروں مقام
عشق کے مضراب سے نغمۂ تارِ حیات
عشق سے نورِ حیات ، عشق سے نارِ حیات

اے حرمِ قرطبہ! عشق سے تیرا وجود
عشق سراپا دوام، جس میں نہیں رفت و بُود
رنگ ہو یا خشت و سنگ، چنگ ہو یا حرف و صوت
معجزۂ فن کی ہے خونِ جگر سے نمود
قطرۂ خونِ جگر ، سِل کو بناتا ہے دل
خونِ جگر سے صدا سوز و سرور و سرود
تیری فضا دل فروز، میری نوا سینہ سوز
تجھ سے دلوں کا حضور، مجھ سے دلوں کی کشُود

عرشِ معلّیٰ سے کم سینۂ آدم نہیں
گرچہ کفِ خاک کی حد ہے سپہرِ کبود
پیکرِ نوری کو ہے سجدہ میسر تو کیا
اس کو میسر نہیں سوز و گدازِ سجود
کافرِ ہندی ہوں مَیں، دیکھ مرا ذوق و شوق
دل میں صلوٰۃ و درود، لب پہ صلوٰۃ و درود
شوق مری لَے میں ہے، شوق مری نَے میں ہے
نغمۂ ''اللہ ھُو'' میرے رگ و پَے میں ہے
تیرا جلال و جمال، مردِ خُدا کی دلیل
وہ بھی جلیل و جمیل، تُو بھی جلیل و جمیل
تیری بنا پائدار، تیرے ستوں بے شمار
شام کے صحرا میں ہو جیسے ہجومِ نخیل
تیرے در و بام پر وادیِ ایمن کا نور
تیرا منارِ بلند جلوہ گہِ جبرئیل
مٹ نہیں سکتا کبھی مردِ مسلماں کہ ہے
اس کی اذانوں سے فاش سرِّ کلیم و خلیل
اس کی زمیں بے حدود، اس کا افق بے ثغور
اس کے سمندر کی موج، دجلہ و دنیوب و نیل
اس کے زمانے عجیب، اس کے فسانے غریب
عہدِ کہن کو دیا اس نے پیامِ رحیل
ساقیِ اربابِ ذوق، فارسِ میدانِ شوق
بادہ ہے اس کا رحیق، تیغ ہے اس کی اصیل
مردِ سپاہی ہے وہ اس کی زِرہ ''لَا اِلٰہ''
سایۂ شمشیر میں اس کی پنہ ''لَا اِلٰہ''

تجھ سے ہوا آشکار بندۂ مومن کا راز
اس کے دنوں کی تپش، اس کی شبوں کا گداز
اس کا مقامِ بلند، اس کا خیالِ عظیم
اس کا سرور اس کا شوق، اس کا نیاز اس کا ناز
ہاتھ ہے اللہ کا بندۂ مومن کا ہاتھ
غالب و کار آفریں، کار کشا، کارساز
خاکی و نوری نہاد، بندۂ مولا صفات
ہر دو جہاں سے غنی اس کا دلِ بے نیاز
اس کی امیدیں قلیل، اس کے مقاصد جلیل
اس کی ادا دل فریب، اس کی نگہ دل نواز
نرم دمِ گفتگو، گرم دمِ جستجو
رزم ہو یا بزم ہو، پاک دل و پاک باز
نُقطۂ پَرکارِ حق، مردِ خُدا کا یقیں
اور یہ عالم تمام وہم و طلسم و مجاز
عقل کی منزل ہے وہ، عشق کا حاصل ہے وہ
حلقۂ آفاق میں گرمیِ محفل ہے وہ

کعبۂ اربابِ فن! سطوتِ دینِ مبیں
تجھ سے حرم مرتبت اندلسیوں کی زمیں
ہے تہ گردُوں اگر حسن میں تیری نظیر
قلبِ مسلماں میں ہے، اور نہیں ہے کہیں
آہ وہ مردانِ حق! وہ عَرَبی شہسوار
حاملِ "خلقِ عظیم"، صاحبِ صدق و یقیں

جن کی حکومت سے ہے فاش یہ رمزِ غریب
سلطنتِ اہلِ دل فقر ہے، شاہی نہیں
جن کی نگاہوں نے کی تربیتِ شرق و غرب
ظلمتِ یورپ میں تھی جن کی خرد راہ بیں
جن کے لہو کے طفیل آج بھی ہیں اندلسی
خوش دل و گرم اختلاط ، سادہ و روشن جبیں
آج بھی اس دیس میں عام ہے چشمِ غزال
اور نگاہوں کے تیر آج بھی ہیں دل نشیں
بوئے یمن آج بھی اس کی ہواؤں میں ہے
رنگِ حجاز آج بھی اس کی نواؤں میں ہے

دیدۂ انجم میں ہے تیری زمیں، آسماں
آہ کہ صدیوں سے ہے تیری فضا بے اذاں
کون سی وادی میں ہے، کون سی منزل میں ہے
عشقِ بلا خیز کا قافلۂ سخت جاں!
دیکھ چکا المنیؔ، شورشِ اصلاحِ دیں
جس نے نہ چھوڑے کہیں نقشِ کہن کے نشاں
حرفِ غلط بن گئی عصمتِ پیرِ کُنشت
اور ہوئی فکر کی کشتیِ نازک رواں
چشمِ فرانسیس بھی دیکھ چکی انقلاب
جس سے دگرگوں ہوا مغربیوں کا جہاں
ملّتِ رومی نژاد کہنہ پرستی سے پیر
لذّتِ تجدید سے وہ بھی ہوئی پھر جواں

روحِ مسلماں میں ہے آج وہی اضطراب
رازِ خدائی ہے یہ، کہہ نہیں سکتی زباں
دیکھیے اس بحر کی تہ سے اچھلتا ہے کیا
گنبدِ نیلوفری رنگ بدلتا ہے کیا!

وادیِ کہسار میں غرقِ شفق ہے سحاب
لعلِ بدخشاں کے ڈھیر چھوڑ گیا آفتاب
سادہ و پرسوز ہے دخترِ دہقاں کا گیت
کشتیِ دل کے لیے سیل ہے عہدِ شباب
آبِ روانِ کبیر[3]! تیرے کنارے کوئی
دیکھ رہا ہے کسی اور زمانے کا خواب
عالمِ نو ہے ابھی پردۂ تقدیر میں
میری نگاہوں میں ہے اس کی سحر بے حجاب
پردہ اٹھا دوں اگر چہرۂ افکار سے
لا نہ سکے گا فرنگ میری نواؤں کی تاب
جس میں نہ ہو انقلاب، موت ہے وہ زندگی
روحِ اُمَم کی حیات کشمکشِ انقلاب
صورتِ شمشیر ہے دستِ قضا میں وہ قوم
کرتی ہے جو ہر زماں اپنے عمل کا حساب
نقش ہیں سب ناتمام خونِ جگر کے بغیر
نغمہ ہے سودائے خام خونِ جگر کے بغیر

۳ وادا لکبیر، قرطبہ کا مشہور دریا جس کے قریب ہی مسجد قرطبہ واقع ہے

قید خانے میں معتمد کی فریاد

(معتمدؔ اشبیلیہ کا بادشاہ اور عرَبی شاعر تھا۔ ہسپانیہ کے ایک حکمران نے اس کو شکست دے کر قید میں ڈال دیا تھا۔ معتمد کی نظمیں انگریزی میں ترجمہ ہو کر ''وزڈم آف دی ایسٹ سیریز'' میں شائع ہو چکی ہیں)

اک فغانِ بے شرر سینے میں باقی رہ گئی
سوز بھی رخصت ہوا، جاتی رہی تاثیر بھی
مردِ حُر زنداں میں ہے بے نیزہ و شمشیر آج
مَیں پشیماں ہُوں، پشیماں ہے مری تدبیر بھی
خود بخود زنجیر کی جانب کھِنچا جاتا ہے دل
تھی اسی فولاد سے شاید مری شمشیر بھی
جو مری تیغِ دو دم تھی، اب مری زنجیر ہے
شوخ و بے پروا ہے کتنا خالقِ تقدیر بھی!

عبد الرحمن اوّل کا بویا ہوا کھجور کا پہلا درخت

سرزمینِ اندلس میں

یہ اشعار جو عبد الرحمن اوّل کی تصنیف سے ہیں، "تاریخ المقری" میں درج ہیں
مندرجہ ذیل اردو نظم ان کا آزاد ترجمہ ہے، درخت مذکور مدینۃ الزہرا میں بویا گیا تھا

میری آنکھوں کا نور ہے تُو
میرے دل کا سرور ہے تُو
اپنی وادی سے دُور ہُوں مَیں
میرے لیے نخلِ طُور ہے تُو
مغرب کی ہَوا نے تجھ کو پالا
صحرائے عرب کی حُور ہے تُو
پردیس میں ناصبور ہُوں مَیں
پردیس میں ناصبور ہے تُو
غربت کی ہَوا میں بار وَر ہو
ساقی تیرا نمِ سحر ہو
عالم کا عجیب ہے نظارہ
دامانِ نگہ ہے پارہ پارہ
ہمّت کو شناوری مبارک!
پیدا نہیں بحر کا کنارہ
ہے سوزِ دروں سے زندگانی
اٹھتا نہیں خاک سے شرارہ
صبحِ غربت میں اور چمکا
ٹوٹا ہوا شام کا ستارہ
مومن کے جہاں کی حد نہیں ہے
مومن کا مقام ہر کہیں ہے

ہسپانیہ

(ہسپانیہ کی سرزمین میں لکھے گئے - واپس آتے ہوئے)

ہسپانیہ تو خونِ مسلماں کا امیں ہے
مانندِ حرم پاک ہے تو میری نظر میں
پوشیدہ تری خاک میں سجدوں کے نشاں ہیں
خاموش اذانیں ہیں تری بادِ سحر میں
روشن تھیں ستاروں کی طرح ان کی سنانیں
خیمے تھے کبھی جن کے ترے کوہ و کمر میں
پھر تیرے حسینوں کو ضرورت ہے حنا کی؟
باقی ہے ابھی رنگ مرے خونِ جگر میں!
کیونکر خس و خاشاک سے دب جائے مسلماں
مانا، وہ تب و تاب نہیں اس کے شرر میں
غرناطہؔ بھی دیکھا مری آنکھوں نے وَلیکن
تسکینِ مسافر نہ سفر میں نہ حضر میں
دیکھا بھی دکھایا بھی، سنایا بھی سنا بھی
ہے دل کی تسلی نہ نظر میں، نہ خبر میں!

طارق کی دعا

(اندلس کے میدانِ جنگ میں)

یہ غازی، یہ تیرے پُر اَسرار بندے
جنھیں تُو نے بخشا ہے ذوقِ خدائی
دو نیم ان کی ٹھوکر سے صحرا و دریا
سمٹ کر پہاڑ ان کی ہیبت سے رائی
دو عالم سے کرتی ہے بیگانہ دل کو
عجب چیز ہے لذّتِ آشنائی
شہادت ہے مطلوب و مقصودِ مومن
نہ مالِ غنیمت نہ کشور کشائی
خیاباں میں ہے منتظر لالہ کب سے
قبا چاہیے اس کو خونِ عرب سے
کیا تُو نے صحرا نشینوں کو یکتا
خبر میں، نظر میں، اذانِ سحر میں
طلب جس کی صدیوں سے تھی زندگی کو
وہ سوز اس نے پایا اُنھی کے جگر میں
کشادِ درِ دل سمجھتے ہیں اس کو
ہلاکت نہیں موت ان کی نظر میں
دلِ مردِ مومن میں پھر زندہ کر دے
وہ بجلی کہ تھی نعرۂ ''لَا تَذَر'' میں
عزائم کو سینوں میں بیدار کر دے
نگاہِ مسلماں کو تلوار کر دے

لینن

(خدا کے حضور میں)

اے انفس و آفاق میں پیدا ترے آیات
حق یہ ہے کہ ہے زندہ و پایندہ تری ذات
مَیں کیسے سمجھتا کہ تُو ہے یا کہ نہیں ہے
ہر دم متغیر تھے خرد کے نظریّات
محرم نہیں فطرت کے سرودِ ازلی سے
بینائے کواکب ہو کہ دانائے نباتات
آج آنکھ نے دیکھا تو وہ عالم ہوا ثابت
مَیں جس کو سمجھتا تھا کلیسا کے خرافات
ہم بندِ شب و روز میں جکڑے ہوئے بندے
تُو خالقِ اعصار و نگارندۂ آنات!
اک بات اگر مجھ کو اجازت ہو تو پوچھوں
حل کر نہ سکے جس کو حکیموں کے مقالات
جب تک مَیں جیا خیمۂ افلاک کے نیچے
کانٹے کی طرح دل میں کھٹکتی رہی یہ بات
گفتار کے اسلوب پہ قابو نہیں رہتا
جب روح کے اندر متلاطم ہوں خیالات
وہ کون سا آدم ہے کہ تُو جس کا ہے معبود
وہ آدمِ خاکی کہ جو ہے زیرِ سماوات؟
مشرق کے خداوند سفیدانِ فرنگی

مغرب کے خداوند درخشندۂ فلزات
یورپ میں بہت روشنیِ عِلم و ہنر ہے
حق یہ ہے کہ بے چشمۂ حیواں ہے یہ ظلمات
رعنائیِ تعمیر میں، رونق میں، صفا میں
گرجوں سے کہیں بڑھ کے ہیں بنکوں کی عمارات
ظاہر میں تجارت ہے، حقیقت میں جوا ہے
سود ایک کا لاکھوں کے لیے مرگِ مفاجات
یہ عِلم، یہ حکمت، یہ تدبّر، یہ حکومت
پیتے ہیں لہو، دیتے ہیں تعلیمِ مساوات
بے کاری و عریانی و مے خواری و افلاس
کیا کم ہیں فرنگی مدنیّت کے فتوحات
وہ قوم کہ فیضانِ سماوی سے ہو محروم
حد اس کے کمالات کی ہے برق و بخارات
ہے دل کے لیے موت مشینوں کی حکومت
احساسِ مروّت کو کچل دیتے ہیں آلات
آثار تو کچھ کچھ نظر آتے ہیں کہ آخر
تدبیر کو تقدیر کے شاطر نے کیا مات
مے خانے کی بنیاد میں آیا ہے تزلزل
بیٹھے ہیں اسی فکر میں پیرانِ خرابات
چہروں پہ جو سرخی نظر آتی ہے سرِ شام
یا غازہ ہے یا ساغر و مینا کی کرامات
تُو قادر و عادل ہے مگر تیرے جہاں میں
ہیں تلخ بہت بندۂ مزدور کے اوقات!
کب ڈوبے گا سرمایہ پرستی کا سفینہ؟
دنیا ہے تری منتظرِ روزِ مکافات

فرشتوں کا گیت

عقل ہے بے زمام ابھی، عشق ہے بے مقام ابھی
نقش گرِ ازل! ترا نقش ہے نا تمام ابھی
خَلقِ خُدا کی گھات میں رند و فقیہ و میر و پیر
تیرے جہاں میں ہے وہی گردشِ صبح و شام ابھی
تیرے امیر مال مست، تیرے فقیر حال مست
بندہ ہے کوچہ گرد ابھی، خواجہ بلند بام ابھی
دانش و دین و عِلم و فن بندگیِ ہوس تمام
عِشقِ گرہ کشائے کا فیض نہیں ہے عام ابھی
جوہرِ زندگی ہے عشق، جوہرِ عشق ہے خودی
آہ کہ ہے یہ تیغِ تیز پردگیِ نیام ابھی!

فرمان خدا

فرشتوں سے

اٹھو! مری دنیا کے غریبوں کو جگا دو
کاخِ امرا کے در و دیوار ہلا دو
گرماؤ غلاموں کا لہو سوزِ یقیں سے
کنجشکِ فرومایہ کو شاہیں سے لڑا دو
سلطانیِ جمہور کا آتا ہے زمانہ
جو نقشِ کہن تم کو نظر آئے، مٹا دو
جس کھیت سے دہقاں کو میسر نہیں روزی

اس کھیت کے ہر خوشۂ گندم کو جلا دو
کیوں خالق و مخلوق میں حائل رہیں پردے
پیرانِ کلیسا کو کلیسا سے اٹھا دو
"حق را بسجودے، صنماں را بطوافے"
بہتر ہے چراغِ حرم و دَیر بجھا دو
مَیں ناخوش و بیزار ہُوں مرمر کی سلوں سے
میرے لیے مٹّی کا حرم اور بنا دو
تہذیبِ نوی کار گہِ شیشہ گراں ہے
آدابِ جنوں شاعرِ مشرق کو سِکھا دو

ذوق و شوق

(ان میں سے اکثر اشعار فلسطین میں لکھے گئے)

دریغ آمدم زاں ہمہ بوستاں

تہی دست رفتن سوئے دوستاں

قلب و نظر کی زندگی دشت میں صبح کا سماں
چشمۂ آفتاب سے نور کی ندّیاں رواں
حسنِ ازل کی ہے نمود، چاک ہے پردۂ وجود
دل کے لیے ہزار سود ایک نگاہ کا زیاں
سرخ و کبود بدلیاں چھوڑ گیا سحابِ شب
کوہِ اضمؔ کو دے گیا رنگ برنگ طیلساں
گرد سے پاک ہے ہَوا، برگِ نخیل دھل گئے
ریگِ نواحِ کاظمہؔ نرم ہے مثلِ پرنیاں
آگ بجھی ہوئی اِدھر، ٹوٹی ہوئی طناب اُدھر
کیا خبر اس مقام سے گزرے ہیں کتنے کارواں
آئی صدائے جبرئیل، تیرا مقام ہے یہی
اہلِ فراق کے لیے عیشِ دوام ہے یہی

کس سے کہوں کہ زہر ہے میرے لیے مئے حیات
کہنہ ہے بزمِ کائنات، تازہ ہیں میرے واردات
کیا نہیں اور غزنوی کارگہِ حیات میں

بیٹھے ہیں کب سے منتظر اہلِ حرم کے سومنات
ذکرِ عرب کے سوز میں، فکرِ عجم کے ساز میں
نَے عرَبی مشاہدات، نَے عجمی تخیلات
قافلۂ حجاز میں ایک حُسینؓ بھی نہیں
گرچہ ہے تاب دار ابھی گیسوئے دجلہ و فرات
عقل و دل و نگاہ کا مرشدِ اوّلیں ہے عشق
عشق نہ ہو تو شرع و دیں بت کدۂ تصورات
صدقِ خلیلؑ بھی ہے عشق، صبرِ حُسینؓ بھی ہے عشق
معرکۂ وجود میں بدر و حُنین بھی ہے عشق

آیۂ کائنات کا معنیِ دیریاب تُو
نکلے تری تلاش میں قافلہ ہائے رنگ و بو
جلوتیانِ مدرسہ کور نگاہ و مردہ ذوق
خلوتیانِ مے کدہ کم طلب و تہی کدو
مَیں کہ مری غزل میں ہے آتشِ رفتہ کا سراغ
میری تمام سرگزشت کھوئے ہوؤں کی جستجو
بادِ صبا کی موج سے نشو و نمائے خار و خس
میرے نفَس کی موج سے نشو و نمائے آرزو
خونِ دل و جگر سے ہے میری نوا کی پرورش
ہے رگِ ساز میں رواں صاحبِ ساز کا لہو
فرصت کشمکش مدہ ایں دلِ بے قرار را
یک دو شکن زیادہ کن گیسوئے تابدار را

لوح بھی تُو، قلم بھی تُو، تیرا وجود الکتاب
گنبدِ آبگینہ رنگ تیرے محیط میں حباب
عالمِ آب و خاک میں تیرے ظہور سے فروغ
ذرّۂ ریگ کو دیا تُو نے طلوعِ آفتاب
شوکتِ سنجر و سلیم، تیرے جلال کی نمود

فقرِ جنید و با یزید تیرا جمال بے نقاب
شوق ترا اگر نہ ہو میری نماز کا امام
میرا قیام بھی حجاب، میرا سجود بھی حجاب
تیری نگاہِ ناز سے دونوں مراد پا گئے
عقل، غیاب و جستجو، عشق، حضور و اضطراب
تِیرہ و تار ہے جہاں گردشِ آفتاب سے
طبعِ زمانہ تازہ کر جلوۂ بے حجاب سے

تیری نظر میں ہیں تمام میرے گذشتہ رُوز و شب
مجھ کو خبر نہ تھی کہ ہے عِلم نخیل بے رطب
تازہ مرے ضمیر میں معرکۂ کہن ہوا
عشق تمام مصطفیٰؐ، عقل تمام بولہب
گاہ بحیلہ می برد، گاہ بزور می کشد
عشق کی ابتدا عجب، عشق کی انتہا عجب
عالم سوز و ساز میں وصل سے بڑھ کے ہے فراق
وصل میں مرگِ آرزو، ہجر میں لذّتِ طلب
عین وِصَال میں مجھے حوصلۂ نظر نہ تھا
گرچہ بہانہ جُو رہی میری نگاہِ بے ادب
گرمیِ آرزو فراق! شورشِ ہائے و ہو فراق
موج کی جستجو فراق، قطرے کی آبرو فراق!

پروانہ اور جگنو

پروانہ

پروانے کی منزل سے بہت دُور ہے جگنو
کیوں آتشِ بے سوز پہ مغرور ہے جگنو

جگنو

اللہ کا سو شکر کہ پروانہ نہیں مَیں
دریوزہ گرِ آتشِ بیگانہ نہیں مَیں

جاوید کے نام

خودی کے ساز میں ہے عمرِ جاوداں کا سراغ
خودی کے سوز سے روشن ہیں امتّوں کے چراغ!
یہ ایک بات کہ آدم ہے صاحبِ مقصود
ہزار گونہ فروغ و ہزار گونہ فراغ!
ہوئی نہ زاغ میں پیدا بلند پروازی
خراب کر گئی شاہیں بچے کو صحبتِ زاغ
حیا نہیں ہے زمانے کی آنکھ میں باقی
خدا کرے کہ جوانی تری رہے بے داغ
ٹھہر سکا نہ کسی خانقاہ میں اقبالؔ
کہ ہے ظریف و خوش اندیشہ و شگفتہ دماغ

گدائی

(ماخوذ از انوری)

مے کدے میں ایک دن اک رندِ زیرک نے کہا
ہے ہمارے شہر کا والی گدائے بے حیا
تاج پہنایا ہے کس کی بے کلاہی نے اسے
کس کی عریانی نے بخشی ہے اسے زرّیں قبا
اس کے آبِ لالہ گوں کی خونِ دہقاں سے کشید
تیرے میرے کھیت کی مٹی ہے اس کی کیمیا
اس کے نعمت خانے کی ہر چیز ہے مانگی ہوئی
دینے والا کون ہے، مردِ غریب و بے نوا
مانگنے والا گدا ہے، صدقہ مانگے یا خراج
کوئی مانے یا نہ مانے، میر و سلطاں سب گدا!

مُلّا اور بہشت

مَیں بھی حاضر تھا وہاں، ضبطِ سخن کر نہ سکا
حق سے جب حضرتِ مُلّا کو مِلا حکمِ بہشت
عرض کی مَیں نے، الٰہی! مری تقصیر معاف
خوش نہ آئیں گے اسے حُور و شراب و لبِ کشت
نہیں فردوس مقامِ جدل و قال و اقول
بحث و تکرار اس اللہ کے بندے کی سرشت
ہے بد آموزیِ اقوام و مِلل کام اِس کا
اور جنّت میں نہ مسجد، نہ کلیسا، نہ کُنِشت!

دین و سیاست

کلیسا کی بنیاد رہبانیت تھی
سماتی کہاں اس فقیری میں میری
خصومت تھی سلطانی و راہبی میں
کہ وہ سربلندی ہے یہ سربزیری
سیاست نے مذہب سے پیچھا چھڑایا
چلی کچھ نہ پیرِ کلیسا کی پیری
ہوئی دین و دولت میں جس دم جدائی
ہوس کی امیری، ہوس کی وزیری
دوئی مُلک و دیں کے لیے نامرادی
دوئی چشمِ تہذیب کی نابصیری
یہ اعجاز ہے ایک صحرا نشیں کا
بشیری ہے آئینہ دارِ نذیری!
اسی میں حفاظت ہے انسانیت کی
کہ ہوں ایک جنیّدی و اردشیری

الارضُ لِلّٰہ

پالتا ہے بیج کو مٹی کو تاریکی میں کون
کون دریاؤں کی موجوں سے اٹھاتا ہے سحاب؟
کون لایا کھینچ کر پچھّم سے بادِ سازگار
خاک یہ کس کی ہے، کس کا ہے یہ نورِ آفتاب؟
کس نے بھر دی موتیوں سے خوشۂ گندم کی جَیب
موسموں کو کس نے سکھلائی ہے خوئے انقلاب؟
دہ خدایا! یہ زمیں تیری نہیں، تیری نہیں
تیرے آبا کی نہیں، تیری نہیں، میری نہیں

ایک نوجوان کے نام

ترے صوفے ہیں افرنگی، ترے قالیں ہیں ایرانی
لہو مجھ کو رلاتی ہے جوانوں کی تن آسانی
امارت کیا، شکوہِ خسروی بھی ہو تو کیا حاصل
نہ زورِ حیدری تجھ میں، نہ استغنائے سلمانی
نہ ڈھونڈ اس چیز کو تہذیبِ حاضر کی تجلّی میں
کہ پایا مَیں نے استغنا میں معراجِ مسلمانی
عقابی روح جب بیدار ہوتی ہے جوانوں میں
نظر آتی ہے اس کو اپنی منزل آسمانوں میں
نہ ہو نومید، نومیدی زوالِ عِلم و عرفاں ہے
امیدِ مردِ مومن ہے خدا کے راز دانوں میں
نہیں تیرا نشیمن قصرِ سلطانی کے گنبد پر
تُو شاہیں ہے، بسیرا کر پہاڑوں کی چٹانوں میں

نصیحت

بچۂ شاہیں سے کہتا تھا عقابِ سال خورد
اے ترے شہپر پہ آساں رفعتِ چرخِ بریں
ہے شباب اپنے لہو کی آگ میں جلنے کا نام
سخت کوشی سے ہے تلخِ زندگانی انگبیں
جو کبوتر پر جھپٹنے میں مزا ہے اے پسر!
وہ مزا شاید کبوتر کے لہو میں بھی نہیں

لالۂ صحرا

یہ گنبدِ مینائی، یہ عالمِ تنہائی
مجھ کو تو ڈراتی ہے اس دشت کی پہنائی
بھٹکا ہوا راہی میں، بھٹکا ہوا راہی تو
منزل ہے کہاں تیری اے لالۂ صحرائی!
خالی ہے کلیموں سے یہ کوہ و کمر ورنہ
تُو شعلۂ سینائی، میں شعلۂ سینائی!
تُو شاخ سے کیوں پھوٹا، میں شاخ سے کیوں ٹوٹا
اک جذبۂ پیدائی، اک لذّتِ یکتائی!
غوّاصِ محبّت کا اللہ نگہباں ہو
ہر قطرۂ دریا میں دریا کی ہے گہرائی
اس موج کے ماتم میں روتی ہے بھنور کی آنکھ
دریا سے اٹھی لیکن ساحل سے نہ ٹکرائی
ہے گرمیِ آدم سے ہنگامۂ عالم گرم
سورج بھی تماشائی، تارے بھی تماشائی
اے بادِ بیابانی! مجھ کو بھی عنایت ہو
خاموشی و دل سوزی، سرمستی و رعنائی!

ساقی نامہ

ہَوا خیمہ زن کاروانِ بہار
ارم بن گیا دامنِ کوہسار
گل و نرگس و سوسن و نسترن
شہیدِ ازل لالہ خونیں کفن
جہاں چھپ گیا پردۂ رنگ میں
لہو کی ہے گردش رگِ سنگ میں
فضا نیلی نیلی، ہَوا میں سرور
ٹھہرتے نہیں آشیاں میں طیور
وہ جوئے کہستاں اچکتی ہوئی
اٹکتی، لچکتی، سرکتی ہوئی
اچھلتی، پھسلتی، سنبھلتی ہوئی
بڑے پیچ کھا کر نکلتی ہوئی
رکے جب تو سِل چیر دیتی ہے یہ
پہاڑوں کے دل چیر دیتی ہے یہ
ذرا دیکھ اے ساقیِ لالہ فام!
سناتی ہے یہ زندگی کا پیام
پلا دے مجھے وہ مئے پردہ سوز
کہ آتی نہیں فصلِ گُل روز روز
وہ مے جس سے روشن ضمیرِ حیات
وہ مے جس سے ہے مستیِ کائنات
وہ مے جس میں ہے سوز و سازِ ازل

وہ مے جس سے کھُلتا ہے رازِ ازل
اٹھا ساقیا پردہ اس راز سے
لڑا دے ممولے کو شہباز سے
زمانے کے انداز بدلے گئے
نیا راگ ہے، ساز بدلے گئے
ہُوا اس طرح فاش رازِ فرنگ
کہ حیرت میں ہے شیشہ بازِ فرنگ
پرانی سیاست گری خوار ہے
زمیں میر و سلطاں سے بیزار ہے
گیا دورِ سرمایہ داری گیا
تماشا دکھا کر مداری گیا
گراں خواب چینی سنبھلنے لگے
ہمالہ کے چشمے ابلنے لگے
دلِ طُورِ سینا و فاراں دو نیم
تجلّی کا پھر منتظر ہے کلیمؑ
مسلماں ہے توحید میں گرم جوش
مگر دل ابھی تک ہے زنّار پوش
تمدّن، تصوف، شریعت، کلام
بتانِ عجم کے پجاری تمام!
حقیقت خرافات میں کھو گئی
یہ اُمّت روایات میں کھو گئی
لبھاتا ہے دل کو کلامِ خطیب
مگر لذّتِ شوق سے بے نصیب!
بیاں اس کا منطق سے سلجھا ہوا
لغت کے بکھیڑوں میں الجھا ہوا
وہ صوفی کہ تھا خدمتِ حق میں مرد
محبّت میں یکتا، حمیّت میں فرد
عجم کے خیالات میں کھو گیا

یہ سالک مقامات میں کھو گیا
بُجھی عشق کی آگ، اندھیر ہے
مسلماں نہیں، راکھ کا ڈھیر ہے
شرابِ کُہن پھر پلا ساقیا
وہی جام گردش میں لا ساقیا!
مجھے عشق کے پَر لگا کر اُڑا
مری خاک جگنو بنا کر اُڑا
خرد کو غلامی سے آزاد کر
جوانوں کو پِیروں کا استاد کر
ہری شاخِ ملّت ترے نم سے ہے
نفَس اس بدن میں ترے دم سے ہے
تڑپنے پھڑکنے کی توفیق دے
دلِ مرتضیٰؓ، سوزِ صدیقؓ دے
جگر سے وہی تیر پھر پار کر
تمنّا کو سینوں میں بیدار کر
ترے آسمانوں کے تاروں کی خیر
زمینوں کے شب زندہ داروں کی خیر
جوانوں کو سوزِ جگر بخش دے
مرا عشق، میری نظر بخش دے
مری ناؤ گِرداب سے پار کر
یہ ثابت ہے تو اس کو سیّار کر
بتا مجھ کو اَسرارِ مرگ و حیات
کہ تیری نگاہوں میں ہے کائنات
مرے دیدۂ تَر کی بے خوابیاں
مرے دل کی پوشیدہ بے تابیاں
مرے نالۂ نیم شب کا نیاز
مری خلوت و انجمن کا گداز
امنگیں مری، آرزوئیں مری

امیدیں مری، جستجوئیں مری
مری فطرت آئینۂ روزگار
غزالانِ افکار کا مرغزار
مرا دل، مری رزم گاہِ حیات
گمانوں کے لشکر، یقیں کا ثبات
یہی کچھ ہے ساقی متاعِ فقیر
اسی سے فقیری میں ہُوں مَیں امیر
مرے قافلے میں لُٹا دے اسے
لُٹا دے، ٹھکانے لگا دے اسے!
دما دم رواں ہے یمِ زندگی
ہر اک شے سے پیدا رمِ زندگی
اسی سے ہوئی ہے بدن کی نمود
کہ شعلے میں پوشیدہ ہے موجِ دُود
گراں گرچہ ہے صحبتِ آب و گِل
خوش آئی اسے محنتِ آب و گِل
یہ ثابت بھی ہے اور سیّار بھی
عناصر کے پھندوں سے بیزار بھی
یہ وحدت ہے کثرت میں ہر دم اسیر
مگر ہر کہیں بے چگوں، بے نظیر
یہ عالم، یہ بت خانۂ شش جہات
اسی نے تراشا ہے یہ سومنات
پسند اس کو تکرار کی خو نہیں
کہ تُو مَیں نہیں، اور مَیں تُو نہیں
من و تُو سے ہے انجمن آفریں
مگر عینِ محفل میں خلوت نشیں
چمک اس کی بجلی میں تارے میں ہے
یہ چاندی میں، سونے میں، پارے میں ہے
اسی کے بیاباں، اسی کے ببول

اسی کے ہیں کانٹے، اسی کے ہیں پھول
کہیں اس کی طاقت سے کہسار چُور
کہیں اس کے پھندے میں جبریل و حُور
کہیں جرّہ شاہین سیماب رنگ
لہو سے چکوروں کے آلودہ چنگ
کبوتر کہیں آشیانے سے دُور
پھڑکتا ہوا جال میں ناصبور
فریبِ نظر ہے سکون و ثبات
تڑپتا ہے ہر ذرّۂ کائنات
ٹھہرتا نہیں کاروانِ وجود
کہ ہر لحظہ ہے تازہ شانِ وجود
سمجھتا ہے تُو راز ہے زندگی
فقط ذوقِ پرواز ہے زندگی
بہت اس نے دیکھے ہیں پست و بلند
سفر اس کو منزل سے بڑھ کر پسند
سفر زندگی کے لیے برگ و ساز
سفر ہے حقیقت، حضر ہے مجاز
الجھ کر سلجھنے میں لذّت اسے
تڑپنے پھڑکنے میں راحت اسے
ہوا جب اسے سامنا موت کا
کٹھن تھا بڑا تھامنا موت کا
اتر کر جہانِ مکافات میں
رہی زندگی موت کی گھات میں
مذاقِ دوئی سے بنی زَوج زَوج
اٹھی دشت و کہسار سے فوج فوج
گل اس شاخ سے ٹوٹتے بھی رہے
اسی شاخ سے پھوٹتے بھی رہے
سمجھتے ہیں ناداں اسے بے ثبات

ابھرتا ہے مٹ مٹ کے نقشِ حیات
بڑی تیز جولاں، بڑی زُود رس
ازل سے ابد تک رمِ یک نفَس
زمانہ کہ زنجیرِ ایّام ہے
دموں کے الٹ پھیر کا نام ہے
یہ موجِ نفَس کیا ہے تلوار ہے
خودی کیا ہے، تلوار کی دھار ہے
خودی کیا ہے، رازِ درونِ حیات
خودی کیا ہے، بیداریِ کائنات
خودی جلوہ بدمست و خلوت پسند
سمندر ہے اک بوند پانی میں بند
اندھیرے اُجالے میں ہے تابناک
من و تُو میں پیدا، من و تُو سے پاک
ازل اس کے پیچھے، ابد سامنے
نہ حد اس کے پیچھے، نہ حد سامنے
زمانے کے دریا میں بہتی ہوئی
ستم اس کی موجوں کے سہتی ہوئی
تجسس کی راہیں بدلتی ہوئی
دما دم نگاہیں بدلتی ہوئی
سبک اس کے ہاتھوں میں سَنگِ گراں
پہاڑ اس کی ضربوں سے ریگِ رَواں
سفر اس کا انجام و آغاز ہے
یہی اس کی تقویم کا راز ہے
کرن چاند میں ہے، شرر سنگ میں
یہ بے رنگ ہے ڈوب کر رنگ میں
اسے واسطہ کیا کم و بیش سے
نشیب و فراز و پس و پیش سے
ازل سے ہے یہ کشمکش میں اسیر

ہوئی خاکِ آدم میں صورت پذیر
خودی کا نشیمن ترے دل میں ہے
فلک جس طرح آنکھ کے تل میں ہے
خودی کے نگہباں کو ہے زہر ناب
وہ ناں جس سے جاتی رہے اس کی آب
وہی ناں ہے اس کے لیے ارجمند
رہے جس سے دنیا میں گردن بلند
فروفالِ محمود سے درگزر
خودی کو نگہ رکھ، ایازی نہ کر
وہی سجدہ ہے لائقِ اہتمام
کہ ہو جس سے ہر سجدہ تجھ پر حرام
یہ عالم، یہ ہنگامۂ رنگ و صوت
یہ عالم کہ ہے زیرِ فرمانِ موت
یہ عالم، یہ بت خانۂ چشم و گوش
جہاں زندگی ہے فقط خورد و نوش
خودی کی یہ ہے منزلِ اوّلیں
مسافر! یہ تیرا نشیمن نہیں
تری آگ اس خاک داں سے نہیں
جہاں تجھ سے ہے، تُو جہاں سے نہیں
بڑھے جا یہ کوہِ گراں توڑ کر
طلسمِ زمان و مکاں توڑ کر
خودی شیرِ مولا، جہاں اس کا صید
زمیں اس کی صید، آسماں اس کا صید
جہاں اور بھی ہیں ابھی بے نمود
کہ خالی نہیں ہے ضمیرِ وجود
ہر اک منتظر تیری یلغار کا
تری شوخیِ فکر و کردار کا
یہ ہے مقصدِ گردشِ روزگار

کہ تیری خودی تجھ پہ ہو آشکار
تُو ہے فاتحِ عالمِ خوب و زشت
تجھے کیا بتاؤں تری سرنوشت
حقیقت پہ ہے جامۂ حرفِ تنگ
حقیقت ہے آئینہ، گفتار زنگ
فُروزاں ہے سینے میں شمعِ نفَس
مگر تابِ گفتار کہتی ہے، بس!
اگر یک سرِ موئے برتر پَرم
فروغِ تجلّی بسوزد پَرم

زمانہ

جو تھا نہیں ہے، جو ہے نہ ہو گا، یہی ہے اک حرفِ محرمانہ
قریب تر ہے نمود جس کی، اسی کا مشتاق ہے زمانہ
مری صراحی سے قطرہ قطرہ نئے حوادث ٹپک رہے ہیں
مَیں اپنی تسبیحِ روز و شب کا شمار کرتا ہُوں دانہ دانہ
ہر ایک سے آشنا ہوں، لیکن جدا جدا رسم و راہ میری
کسی کا راکب، کسی کا مَرکب، کسی کو عبرت کا تازیانہ
نہ تھا اگر تُو شریکِ محفل، قصور میرا ہے یا کہ تیرا
مرا طریقہ نہیں کہ رکھ لوں کسی کی خاطر مئے شبانہ
مرے خم و پیچ کو نجومی کی آنکھ پہچانتی نہیں ہے
ہدف سے بیگانہ تیر اس کا، نظر نہیں جس کی عارفانہ
شفق نہیں مغربی افق پر یہ جوئے خوں ہے، یہ جوئے خوں ہے!
طلوعِ فردا کا منتظر رہ کہ دوش و امروز ہے فسانہ
وہ فکرِ گستاخ جس نے عریاں کیا ہے فطرت کی طاقتوں کو
اُسی کی بے تاب بجلیوں سے خطر میں ہے اس کا آشیانہ
ہوائیں ان کی، فضائیں ان کی، سمندر ان کے، جہاز ان کے
گرہ بھنور کی کھُلے تو کیونکر، بھنور ہے تقدیر کا بہانہ
جہانِ نو ہو رہا ہے پیدا، وہ عالمِ پیر مر رہا ہے
جسے فرنگی مُقامِروں نے بنا دیا ہے قمار خانہ
ہَوا ہے گو تند و تیز لیکن چراغ اپنا جلا رہا ہے
وہ مردِ درویش جس کو حق نے دیئے ہیں اندازِ خسروانہ

فرشتے آدم کو جنّت سے رخصت کرتے ہیں

عطا ہوئی ہے تجھے روز و شب کی بے تابی
خبر نہیں کہ تُو خاکی ہے یا کہ سیمابی
سنا ہے، خاک سے تیری نمود ہے، لیکن
تری سرشت میں ہے کوکبی و مہ تابی
جمال اپنا اگر خواب میں بھی تُو دیکھے
ہزار ہوش سے خوش تر تری شکر خوابی
گراں بہا ہے ترا گریۂ سحر گاہی
اسی سے ہے ترے نخلِ کہن کی شادابی
تری نوا سے ہے بے پردہ زندگی کا ضمیر
کہ تیرے ساز کی فطرت نے کی ہے مضرابی

روحِ ارضی آدم کا استقبال کرتی ہے

کھول آنکھ، زمیں دیکھ، فلک دیکھ، فضا دیکھ
مشرق سے ابھرتے ہوئے سورج کو ذرا دیکھ
اس جلوۂ بے پردہ کو پردوں میں چھپا دیکھ
ایّامِ جدائی کے ستم دیکھ، جفا دیکھ
بے تاب نہ ہو معرکۂ بیم و رجا دیکھ!

ہیں تیرے تصرف میں یہ بادل، یہ گھٹائیں
یہ گنبدِ افلاک ، یہ خاموش فضائیں
یہ کوہ یہ صحرا، یہ سمندر یہ ہوائیں
تھیں پیشِ نظر کل تو فرشتوں کی ادائیں
آئینۂ ایّام میں آج اپنی ادا دیکھ!

سمجھے گا زمانہ تری آنکھوں کے اشارے
دیکھیں گے تجھے دُور سے گردُوں کے ستارے
ناپید ترے بحرِ تخیّل کے کنارے
پہنچیں گے فلک تک تری آہوں کے شرارے
تعمیرِ خودی کر، اثر آہ رسا دیکھ!

خورشیدِ جہاں تاب کی ضو تیرے شرر میں
آباد ہے اک تازہ جہاں تیرے ہنر میں
جچتے نہیں بخشے ہوئے فردوس نظر میں

جنّت تری پنہاں ہے ترے خونِ جگر میں
اے پیکرِ گِل کوششِ پیہم کی جزا دیکھ!

نالندہ ترے عود کا ہر تار ازل سے
تُو جنسِ محبّت کا خریدار ازل سے
تُو پیرِ صنم خانۂ اَسرار ازل سے
محنت کش و خوں ریز و کم آزار ازل سے
ہے راکبِ تقدیرِ جہاں تیری رضا، دیکھ!

پیر و مرید

مریدِ ہندی

چشمِ بینا سے ہے جاری جوئے خوں
علمِ حاضر سے ہے دیں زار و زبوں!

پیرِ رومی

عِلم را بر تن زنی مارے بُود
عِلم را بر دل زنی یارے بُود

مریدِ ہندی

اے امامِ عاشقانِ درد مند!
یاد ہے مجھ کو ترا حرفِ بلند

خشک مغز و خشک تار و خشک پوست
از کجا می آید ایں آوازِ دوست،

دَور حاضر مستِ چنگ و بے سرور
بے ثبات و بے یقین و بے حضور
کیا خبر اس کو کہ ہے یہ راز کیا
دوست کیا ہے، دوست کی آواز کیا
آہ، یورپ با فروغ و تاب ناک
نغمہ اس کو کھینچتا ہے سوئے خاک

پیرِ رومی

بر سماعِ راست ہر کس چیر نیست
طعمۂ ہر مرغکے انجیر نیست

مریدِ ہندی

پڑھ لیے مَیں نے علومِ شرق و غرب
روح میں باقی ہے اب تک درد و کرب

پیرِ رومی

دستِ ہر نا اہل بیمارت کند
سوئے مادر آکہ تیمارت کند

مریدِ ہندی

اے نگہ تیری مرے دل کی کشاد
کھول مجھ پر نکتۂ حکمِ جہاد

پیرِ رومی

نقشِ حق را ہم بہ امرِ حق شکن
بر زُجاجِ دوست سنگِ دوست زن

مریدِ ہندی

ہے نگاہِ خاوراں مسحورِ غرب
حُورِ جنّت سے ہے خوشتر حُورِ غرب

پیرِ رومی

ظاہر نقرہ گر اسپید است و نو
دست و جامہ ہم سیہ گردو ازو!

مریدِ ہندی

آہ مکتب کا جوانِ گرم خوں!
ساحرِ افرنگ کا صیدِ زبوں!

پیرِ رومی

مرغ پر نارستہ چوں پرّاں شوَد
طعمۂ ہر گربۂ دراں شوَد

مریدِ ہندی

تا کجا آویزشِ دین و وطن
جوہرِ جاں پر مقدم ہے بدن!

پیرِ رومی

قلب پہلو می زند با زر بشب
انتظارِ روز می دارد ذہب

مریدِ ہندی

سِرِّ آدم سے مجھے آگاہ کر
خاک کے ذرّے کو مہر و ماہ کر!

پیرِرومی

ظاہرش را پشّۂ آرد بچرخ
باطنش آمد محیطِ ہفت چرخ

مریدِ ہندی

خاک تیرے نور سے روشن بصر
غایتِ آدم خبر ہے یا نظر؟

پیرِ رومی

آدمی دید است، باقی پوست است
دید آں باشد کہ دیدِ دوست است

مریدِ ہندی

زندہ ہے مشرق تری گفتار سے
امتیں مرتی ہیں کس آزار سے؟

پیرِ رومی

ہر ہلاکِ اُمّتِ پیشیں کہ بُود
زانکہ بر جندل گماں بردند عود

مریدِ ہندی

اب مسلماں میں نہیں وہ رنگ و بو
سرد کیونکر ہو گیا اس کا لہو؟

پیرِ رومی

تا دلِ صاحب دلے نامد بہ درد
ہیچ قومے را خدا رسوا نہ کرد

مریدِ ہندی

گرچہ بے رونق ہے بازارِ وجود
کون سے سودے میں ہے مردوں کا سود؟

پیرِ رومی

زیرکی بفروش و حیرانی بخر
زیرکی ظن است و حیرانی نظر

مریدِ ہندی

ہم نفس میرے سلاطیں کے ندیم
مَیں فقیرِ بے کلاہ و بے گلیم!

پیرِ رومی

بندۂ یک مردِ روشن دل شوی
بہ کہ بر فرقِ سرِ شاہاں روی

مریدِ ہندی

اے شریکِ مستیِ خاصانِ بدر
مَیں نہیں سمجھا حدیثِ جبر و قدر!

پیرِ رومی

بال بازاں را سوئے سلطاں برد
بال زاغاں را بگورستاں برد

مریدِ ہندی

کاروبارِ خسروی یا راہبی
کیا ہے آخر غایتِ دینِ نبی؟

پیرِ رومی

مصلحت در دینِ ما جنگ و شکوہ
مصلحت در دینِ عیسیٰؑ غار و کوہ

مریدِ ہندی

کس طرح قابو میں آئے آب و گل
کس طرح بیدار ہو سینے میں دل؟

پیرِ رومی

بندہ باش و بر زمیں رو چوں سمند
چوں جنازہ نے کہ بر گردن برند

مریدِ ہندی

سِرِّ دیں ادراک میں آتا نہیں
کس طرح آئے قیامت کا یقیں؟

پیرِ رومی

پس قیامت شو قیامت را بہ بیں
دیدنِ ہر چیز را شرط است ایں

مریدِ ہندی

آسماں میں راہ کرتی ہے خودی
صیدِ مہر و ماہ کرتی ہے خودی
بے حضور و با فروغ و بے فراغ
اپنے نخچیروں کے ہاتھوں داغ داغ!

پیرِ رومی

آں کہ ارزد صید را عشق است و بس
لیکن او کے گنجد اندر دامِ کس!

مریدِ ہندی

تجھ پہ روشن ہے ضمیرِ کائنات
کس طرح محکم ہو ملّت کی حیات؟

پیرِ رومی

دانہ باشی مرغکانت برچنند

بالِ جبریل

غنچہ باشی کود کانت برکنند
دانہ پنہاں کن سراپا دام شو
غنچہ پنہاں کن گیاہِ بام شو

مریدِ ہندی

تُو یہ کہتا ہے کہ دل کی کر تلاش
طالبِ دل باش و در پیکار باش
جو مرا دل ہے، مرے سینے میں ہے
میرا جوہر میرے آئینے میں ہے

پیرِ رومی

تو ہمی گوئی مرا دل نیز ہست
دل فرازِ عرش باشد نے بہ پست
تو دلِ خود را دلے پنداشتی
جستجوئے اہلِ دل بگذاشتی

مریدِ ہندی

آسمانوں پر مرا فکرِ بلند
مَیں زمیں پر خوار و زار و درد مند
کارِ دنیا میں رہا جاتا ہُوں مَیں
ٹھوکریں اس راہ میں کھاتا ہُوں مَیں
کیوں مرے بس کا نہیں کارِ زمیں
ابلہِ دنیا ہے کیوں دانائے دیں؟

پیرِ رومی

آں کہ بر افلاک رفتارش بُود
بر زمیں رفتن چہ دشوارش بُود

مریدِ ہندی

عِلم و حکمت کا ملے کیونکر سراغ
کس طرح ہاتھ آئے سوز و درد و داغ

پیرِ رومی

عِلم و حکمت زاید از نانِ حلال
عشق و رقت آید از نانِ حلال

مریدِ ہندی

ہے زمانے کا تقاضا انجمن
اور بے خلوت نہیں سوزِ سخن!

پیرِ رومی

خلوت از اغیار باید، نے زیار
پوستیں بہرِ دَے آمد، نے بہار

مریدِ ہندی

ہند میں اب نور ہے باقی نہ سوز
اہلِ دل اس دیس میں ہیں تِیرہ روز!

پیرِ رومی

کارِ مرداں روشنی و گرمی است
کارِ دوناں حیلہ و بے شرمی است

جبریل و ابلیس

جبریل

ہمدمِ دیرینہ! کیسا ہے جہانِ رنگ و بو؟

ابلیس

سوز و ساز و درد و داغ و جستجو و آرزو

جبریل

ہر گھڑی افلاک پر رہتی ہے تیری گفتگو
کیا نہیں ممکن کہ تیرا چاکِ دامن ہو رفو؟

ابلیس

آہ اے جبریل! تُو واقف نہیں اس راز سے
کر گیا سرمست مجھ کو ٹوٹ کر میرا سبُو
اب یہاں میری گزر ممکن نہیں، ممکن نہیں
کس قدر خاموش ہے یہ عالمِ بے کاخ و کُو!
جس کی نومیدی سے ہو سوزِ درونِ کائنات
اس کے حق میں ''تَقْنَطُوْا'' اچھا ہے یا ''لَاتَقْنَطُوْا''؟

جبریل

کھو دیئے انکار سے تُو نے مقاماتِ بلند
چشمِ یزداں میں فرشتوں کی رہی کیا آبرو!

ابلیس

ہے مری جرأت سے مُشتِ خاک میں ذوقِ نمو
میرے فتنے جامۂ عقل و خرد کا تار و پو
دیکھتا ہے تُو فقط ساحل سے رزمِ خیر و شر
کون طوفاں کے طمانچے کھا رہا ہے، مَیں کہ تُو؟
خضر بھی بے دست و پا، الیاس بھی بے دست و پا
میرے طوفاں یم بہ یم، دریا بہ دریا، جُو بہ جُو
گر کبھی خلوت میسر ہو تو پوچھ اللہ سے
قصۂ آدم کو رنگیں کر گیا کس کا لہو!
مَیں کھٹکتا ہُوں دلِ یزداں میں کانٹے کی طرح
تُو فقط اَللّٰہ ھُوْ، اَللّٰہ ھُوْ، اَللّٰہ ھُوْ

اذان

اک رات ستاروں سے کہا نجمِ سحر نے
آدم کو بھی دیکھا ہے کسی نے کبھی بیدار؟
کہنے لگا مرّیخ، ادا فہم ہے تقدیر
ہے نیند ہی اس چھوٹے سے فتنے کو سزاوار
زُہرہ نے کہا، اور کوئی بات نہیں کیا؟
اس کرمکِ شب کور سے کیا ہم کو سروکار!
بولا مہِ کامل کہ وہ کوکب ہے زمینی
تم شب کو نمودار ہو، وہ دن کو نمودار
واقف ہو اگر لذّتِ بیداریِ شب سے
اونچی ہے ثریّا سے بھی یہ خاکِ پُر اَسرار
آغوش میں اس کی وہ تجلّی ہے کہ جس میں
کھو جائیں گے افلاک کے سب ثابت و سیّار
ناگاہ فضا بانگِ اذاں سے ہوئی لبریز
وہ نعرہ کہ ہل جاتا ہے جس سے دلِ کہسار!

محبّت

شہیدِ محبّت نہ کافر نہ غازی
محبّت کی رسمیں نہ ترکی نہ تازی
وہ کچھ اور شے ہے، محبّت نہیں ہے
سکھاتی ہے جو غزنوی کو ایازی
یہ جوہر اگر کار فرما نہیں ہے
تو ہیں عِلم و حکمت فقط شیشہ بازی
نہ محتاجِ سلطاں، نہ مرعوبِ سلطاں
محبّت ہے آزادی و بے نیازی
مرا فقُر بہتر ہے اسکندری سے
یہ آدم گری ہے، وہ آئینہ سازی

ستارے کا پیغام

مجھے ڈرا نہیں سکتی فضا کی تاریکی
مری سرشت میں ہے پاکی و درخشانی
تو اے مسافرِ شب! خود چراغ بن اپنا
کر اپنی رات کو داغِ جگر سے نورانی

فلسفہ و مذہب

یہ آفتاب کیا، یہ سپہرِ بریں ہے کیا!
سمجھا نہیں تسلسلِ شام و سحر کو مَیں
اپنے وطن میں ہُوں کہ غریب الدیار ہُوں
ڈرتا ہُوں دیکھ دیکھ کے اس دشت و در کو مَیں
کھُلتا نہیں مرے سفرِ زندگی کا راز
لاؤں کہاں سے بندۂ صاحب نظر کو مَیں
حیراں ہے بُو علیؔ کہ مَیں آیا کہاں سے ہُوں
رومیؔ یہ سوچتا ہے کہ جاؤں کدھر کو مَیں
"جاتا ہُوں تھوڑی دُور ہر اک راہرو کے ساتھ
پہچانتا نہیں ہُوں ابھی راہبر کو مَیں"

یورپ سے ایک خط

ہم خوگرِ محسوس ہیں ساحل کے خریدار
اک بحرِ پُر آشوب و پُر اَسرار ہے رومیؔ
تُو بھی ہے اسی قافلۂ شوق میں اقبالؔ
جس قافلۂ شوق کا سالار ہے رومیؔ
اس عصر کو بھی اس نے دیا ہے کوئی پیغام؟
کہتے ہیں چراغِ رہِ احرار ہے رومیؔ

جواب

گہ نباید خورد و جَو، ہمچوں خراں
آہوانہ در ختن چر ارغواں
ہر کہ کاہ و جَو خورد قرباں شوَد
ہر کہ نورِ حق خورد قرآں شوَد

نپولین کے مزار پر

راز ہے، راز ہے تقدیرِ جہانِ تگ و تاز
جوشِ کردار سے کھل جاتے ہیں تقدیر کے راز
جوشِ کردار سے شمشیرِ سکندر کا طلوع
کوہِ الوند ہوا جس کی حرارت سے گداز
جوشِ کردار سے تیمور کا سیلِ ہمہ گیر
سیل کے سامنے کیا شے ہے نشیب اور فراز
صفِ جنگاہ میں مردانِ خدا کی تکبیر
جوشِ کردار سے بنتی ہے خدا کی آواز
ہے مگر فرصتِ کردار نفَس یا دو نفس
عوضِ یک دو نفَس قبر کی شب ہائے دراز!

"عاقبت، منزلِ ما وادیِ خاموشان است
حالیا غلغلہ در گنبدِ افلاک انداز"!

مسولینی

نُدرتِ فکر و عمل کیا شے ہے، ذوقِ انقلاب
نُدرتِ فکر و عمل کیا شے ہے، ملّت کا شباب
نُدرتِ فکر و عمل سے معجزاتِ زندگی
نُدرتِ فکر و عمل سے سنگِ خارا لعلِ ناب
رومۃ الکبریٰ! دگرگوں ہو گیا تیرا ضمیر
"اینکہ می بینم بہ بیدار یست یا رب یا بہ خواب!"
چشمِ پیرانِ کہن میں زندگانی کا فروغ
نوجواں تیرے ہیں سوزِ آرزو سے سینہ تاب
یہ محبّت کی حرارت، یہ تمنّا، یہ نمود
فصلِ گُل میں پھول رہ سکتے نہیں زیرِ حجاب
نغمہ ہائے شوق سے تیری فضا معمور ہے
زخمہ ور کا منتظر تھا تیری فطرت کا رباب
فیض یہ کس کی نظر کا ہے، کرامت کس کی ہے؟
وہ کہ ہے جس کی نگہ مثلِ شعاعِ آفتاب!

سوال

اک مفلسِ خوددار یہ کہتا تھا خدا سے
مَیں کر نہیں سکتا گلۂ دردِ فقیری
لیکن یہ بتا، تیری اجازت سے فرشتے
کرتے ہیں عطا مردِ فرومایہ کو میری؟

پنجاب کے دہقان سے

بتا کیا تری زندگی کا ہے راز
ہزاروں برس سے ہے تُو خاک باز
اسی خاک میں دب گئی تیری آگ
سحر کی اذاں ہوگئی، اب تو جاگ!
زمیں میں ہے گو خاکیوں کی برات
نہیں اس اندھیرے میں آبِ حیات
زمانے میں جھوٹا ہے اس کا نگیں
جو اپنی خودی کو پرکھتا نہیں
بتانِ شعوب و قبائل کو توڑ
رسومِ کہن کے سلاسل کو توڑ
یہی دینِ محکم، یہی فتحِ باب
کہ دنیا میں توحید ہو بے حجاب
"بخاکِ بدن دانۂ دل فشاں
کہ ایں دانہ دارد ز حاصل نشاں"

نادر شاہ افغان

حضورِ حق سے چلا لے کے لولوئے لالا
وہ ابر جس سے رگِ گل ہے مثلِ تارِ نفس
بہشت راہ میں دیکھا تو ہو گیا بے تاب
عجب مقام ہے، جی چاہتا ہے جاؤں برس
صدا بہشت سے آئی کہ منتظر ہے ترا
ہرات و کابل و غزنی کا سبزۂ نورس
''سرشکِ دیدۂ نادرّ بہ داغِ لالہ فشاں
چناں کہ آتشِ اُورا دگر فرونہ نشاں!''

خوشحال[4] خاں کی وصیّت

قبائل ہوں ملّت کی وحدت میں گم
کہ ہو نام افغانیوں کا بلند
محبّت مجھے ان جوانوں سے ہے
ستاروں پہ جو ڈالتے ہیں کمند
مغل سے کسی طرح کمتر نہیں
قہستاں کا یہ بچّۂ ارجمند
کہوں تجھ سے اے ہم نشیں دل کی بات
وہ مدفن ہے خوشحال خاں کو پسند
اڑا کر نہ لائے جہاں بادِ کوہ
مغل شہسواروں کی گردِ سمند!

٤ خوشحال خاں خٹک پشتوزبان کا مشہور وطن دوست شاعر تھا جس نے افغانستان کو مغلوں سے آزاد کرانے کے لیے سرحد کے افغانی قبائل کی ایک جمعیّت قائم کی- قبائل میں صرف آفریدیوں نے آخردم تک اس کا ساتھ دیا- اس کی قریباً ایک سو نظموں کا انگریزی ترجمہ ۱۸٦۲ء میں لندن میں شائع ہوا تھا

تاتاری کا خواب

کہیں سجادہ و عمّامہ رہزن
کہیں ترسا بچوں کی چشمِ بے باک!
ردائے دین و ملّت پارہ پارہ
قبائے مُلک و دولت چاک در چاک!
مرا ایماں تو ہے باقی وَلیکن
نہ کھا جائے کہیں شعلے کو خاشاک!
ہوائے تند کی موجوں میں محصور
سمرقند و بخارا کی کفِ خاک!

"بگردا گردِ خود چندانکہ بینم
بلا انگشتری و من نگینم"[5]

یکایک ہل گئی خاکِ سمرقند
اٹھا تیمور کی تربت سے اک نور
شفق آمیز تھی اس کی سفیدی
صدا آئی کہ "مَیں ہُوں روحِ تیمور
اگر محصور ہیں مردانِ تاتار
نہیں اللہ کی تقدیر محصور
تقاضا زندگی کا کیا یہی ہے
کہ تورانی ہو تورانی سے مہجور؟

"خودی را سوز و تابے دیگرے دہ
جہاں را انقلابے دیگرے دہ"

۵ یہ شعر معلوم نہیں کس کا ہے، نصیر الدین طوسی نے غالباً "شرح اشارات" میں اسے نقل کیا ہے

حال و مقام

دل زندہ و بیدار اگر ہو تو بتدریج
بندے کو عطا کرتے ہیں چشمِ نگراں اور
احوال و مقامات پہ موقوف ہے سب کچھ
ہر لحظہ ہے سالک کا زماں اور مکاں اور
الفاظ و معانی میں تفاوت نہیں لیکن
مُلّا کی اذاں اور مجاہد کی اذاں اور
پرواز ہے دونوں کی اسی ایک فضا میں
کرگس کا جہاں اور ہے، شاہیں کا جہاں اور

ابو العلا معرّی

کہتے ہیں کبھی گوشت نہ کھاتا تھا معرّی
پھل پھول پہ کرتا تھا ہمیشہ گزر اوقات
اک دوست نے بھونا ہوا تیتر اُسے بھیجا
شاید کہ وہ شاطر اِسی ترکیب سے ہو مات
یہ خوانِ تر و تازہ معرّی نے جو دیکھا
کہنے لگا وہ صاحبِ غفران[6] و لزومات[7]
اے مرغکِ بیچارہ! ذرا یہ تو بتا تُو
تیرا وہ گنہ کیا تھا یہ ہے جس کی مکافات؟
افسوس، صد افسوس کہ شاہیں نہ بنا تُو
دیکھے نہ تری آنکھ نے فطرت کے اشارات
تقدیر کے قاضی کا یہ فتویٰ ہے ازل سے
ہے جرمِ ضعیفی کی سزا مرگِ مفاجات!

٦ عفران- رسالۃ الغفران، معری کی ایک مشہور کتاب کا نام ہے
٧ لزومات - اس کے قصائد کا مجموعہ ہے

سنیما

وہی بت فروشی، وہی بت گری ہے
سنیما ہے یا صنعتِ آزری ہے
وہ صنعت نہ تھی، شیوۂ کافری تھا
یہ صنعت نہیں، شیوۂ ساحری ہے
وہ مذہب تھا اقوامِ عہدِ کہن کا
یہ تہذیبِ حاضر کی سوداگری ہے
وہ دنیا کی مٹی، یہ دوزخ کی مٹی
وہ بت خانہ خاکی، یہ خاکستری ہے

پنجاب کے پیرزادوں سے

حاضر ہوا مَیں شیخِ مجدّدؒ کی لحد پر
وہ خاک کہ ہے زیرِ فلک مطلعِ انوار
اس خاک کے ذرّوں سے ہیں شرمندہ ستارے
اس خاک میں پوشیدہ ہے وہ صاحبِ اَسرار
گردن نہ جھکی جس کی جہانگیر کے آگے
جس کے نفَسِ گرم سے ہے گرمیِ احرار
وہ ہند میں سرمایۂ ملّت کا نگہباں
اللہ نے بر وقت کیا جس کو خبردار
کی عرض یہ مَیں نے کہ عطا فقر ہو مجھ کو
آنکھیں مری بینا ہیں، وَلیکن نہیں بیدار!
آئی یہ صدا سلسلۂ فقر ہوا بند
ہیں اہلِ نظر کشورِ پنجاب سے بیزار
عارف کا ٹھکانا نہیں وہ خطہ کہ جس میں
پیدا کلہِ فقر سے ہو طرّۂ دستار
باقی کلہِ فقر سے تھا ولولۂ حق
طرّوں نے چڑھایا نشۂ ''خدمتِ سرکار''!

سیاست

اس کھیل میں تعیینِ مراتب ہے ضروری
شاطر کی عنایت سے تو فرزیں میں پیادہ
بیچارہ پیادہ تو ہے اک مہرۂ ناچیز
فرزیں سے بھی پوشیدہ ہے شاطر کا ارادہ!

فقُر

اک فقُر سکھاتا ہے صیّاد کو نخچیری
اک فقُر سے کھُلتے ہیں اَسرارِ جہاں گیری
اک فقُر سے قوموں میں مسکینی و دلگیری
اک فقُر سے مٹّی میں خاصیتِ اکسیری
اک فقُر ہے شبیری، اس فقُر میں ہے میری
میراثِ مسلمانی، سرمایۂ شبیری!

خودی

خودی کو نہ دے سیم و زر کے عوض
نہیں شعلہ دیتے شرر کے عوض
یہ کہتا ہے فردوسیِ دیدہ ور
عجم جس کے سرمے سے روشن بصر
"ز بہرِ درم تند و بدخو مباش
تو باید کہ باشی، درم گو مباش"

جدائی

سورج بُنتا ہے تارِ زر سے
دنیا کے لیے ردائے نوری!
عالم ہے خموش و مست گویا
ہر شے کو نصیب ہے حضوری!
دریا، کہسار، چاند، تارے
کیا جانیں فراق و ناصبوری!
شایاں ہے مجھے غمِ جدائی
یہ خاک ہے محرمِ جدائی

خانقاہ

رمز و ایما اس زمانے کے لیے موزوں نہیں
اور آتا بھی نہیں مجھ کو سخن سازی کا فن
''قُم باِذن اللّہ'' کہہ سکتے تھے جو، رخصت ہوئے
خانقاہوں میں مجاور رہ گئے یا گورکن!

ابلیس کی عرضداشت

کہتا تھا عزازیل خداوندِ جہاں سے
پرکالۂ آتش ہوئی آدم کی کفِ خاک!
جاں لاغر و تن فربہ و ملبوس بدن زیب
دل نزع کی حالت میں، خرد پختہ و چالاک!
ناپاک جسے کہتی تھی مشرق کی شریعت
مغرب کے فقیہوں کا یہ فتویٰ ہے کہ ہے پاک!
تجھ کو نہیں معلوم کہ حورانِ بہشتی
ویرانیِ جنّت کے تصوّر سے ہیں غم ناک؟
جمہور کے ابلیس ہیں اربابِ سیاست
باقی نہیں اب میری ضرورت تہِ افلاک!

لہو

اگر لہو ہے بدن میں تو خوف ہے نہ ہراس
اگر لہو ہے بدن میں تو دل ہے بے وسواس
جسے مِلا یہ متاعِ گراں بہا، اس کو
نہ سیم و زر سے محبّت ہے، نے غمِ افلاس

پرواز

کہا درخت نے اک روز مرغِ صحرا سے
ستم پہ غم کدۂ رنگ و بو کی ہے بنیاد
خدا مجھے بھی اگر بال و پر عطا کرتا
شگفتہ اور بھی ہوتا یہ عالمِ ایجاد
دیا جواب اسے خوب مرغِ صحرا نے
غضب ہے، داد کو سمجھا ہوا ہے تُو بیداد!
جہاں میں لذّتِ پرواز حق نہیں اس کا
وجود جس کا نہیں جذبِ خاک سے آزاد

شیخِ مکتب سے

شیخِ مکتب ہے اک عمارت گر
جس کی صنعت ہے روحِ انسانی
نکتۂ دل پذیر تیرے لیے
کہہ گیا ہے حکیمِ قاآنی
"پیشِ خورشید بر مکش دیوار
خواہی ار صحنِ خانہ نورانی"

فلسفی

بلند بال تھا، لیکن نہ تھا جسور و غیور
حکیم سِرِّ محبّت سے بے نصیب رہا
پھرا فضاؤں میں کرگس اگرچہ شاہیں وار
شکارِ زندہ کی لذّت سے بے نصیب رہا

شاہیں

کیا مَیں نے اس خاک داں سے کنارا
جہاں رزق کا نام ہے آب و دانہ
بیاباں کی خلوت خوش آتی ہے مجھ کو
ازل سے ہے فطرت مری راہبانہ
نہ بادِ بہاری، نہ گلچیں، نہ بلبل
نہ بیماریِ نغمۂ عاشقانہ
خیابانیوں سے ہے پرہیز لازم
ادائیں ہیں ان کی بہت دلبرانہ
ہوائے بیاباں سے ہوتی ہے کاری
جواں مرد کی ضربتِ غازیانہ
حمام و کبوتر کا بھوکا نہیں مَیں
کہ ہے زندگی باز کی زاہدانہ
جھپٹنا، پلٹنا، پلٹ کر جھپٹنا
لہو گرم رکھنے کا ہے اک بہانہ
یہ پورب، یہ پچھّم چکوروں کی دنیا
مرا نیلگوں آسماں بیکرانہ
پرندوں کی دنیا کا درویش ہُوں مَیں
کہ شاہیں بناتا نہیں آشیانہ

باغی مرید

ہم کو تو میسر نہیں مٹی کا دِیا بھی
گھر پیر کا بجلی کے چراغوں سے ہے روشن
شہری ہو، دِہاتی ہو، مسلمان ہے سادہ
مانندِ بتاں پجتے ہیں کعبے کے برہمن
نذرانہ نہیں، سود ہے پیرانِ حرم کا
ہر خرقۂ سالوس کے اندر ہے مہاجن
میراث میں آئی ہے انھیں مسندِ ارشاد
زاغوں کے تصرف میں عقابوں کے نشیمن!

ہارون کی آخری نصیحت

ہاروں نے کہا وقتِ رحیل اپنے پسر سے
جائے گا کبھی تُو بھی اسی راہ گزر سے
پوشیدہ ہے کافر کی نظر سے مَلَکُ الموت
لیکن نہیں پوشیدہ مسلماں کی نظر سے

ماہر نفسیات سے

جرأت ہے تو افکار کی دنیا سے گزر جا
ہیں بحرِ خودی میں ابھی پوشیدہ جزیرے
کھُلتے نہیں اس قلزمِ خاموش کے اَسرار
جب تک تُو اسے ضربِ کلیمی سے نہ چِیرے

یورپ

(ماخوذ از نطشے)

تاک میں بیٹھے ہیں مدت سے یہودی سُود خوار
جن کی روباہی کے آگے ہیچ ہے زورِ پلنگ!
خود بخود گرنے کو ہے پکے ہوئے پھل کی طرح
دیکھیے پڑتا ہے آخر کس کی جھولی میں فرنگ!

آزادیِ افکار

جو دونیِ فطرت سے نہیں لائقِ پرواز
اس مرغکِ بیچارہ کا انجام ہے افتاد
ہر سینہ نشیمن نہیں جبریلِ امیں کا
ہر فکر نہیں طائرِ فردوس کا صیّاد
اس قوم میں ہے شوخیِ اندیشہ خطرناک
جس قوم کے افراد ہوں ہر بند سے آزاد
گو فکرِ خدا داد سے روشن ہے زمانہ
آزادیِ افکار ہے ابلیس کی ایجاد

شیر اور خچر

(ماخوذ ازجرمن)

شیر

ساکنانِ دشت و صحرا میں ہے تُو سب سے الگ
کون ہیں تیرے اَب و جَد، کس قبیلے سے ہے تُو؟

خچر

میرے ماموں کو نہیں پہچانتے شاید حضور
وہ صبا رفتار، شاہی اصطبل کی آبرو!

چیونٹی اور عقاب

چیونٹی

مَیں پائمال و خوار و پریشان و دردمند
تیرا مقام کیوں ہے ستاروں سے بھی بلند؟

عقاب

تُو رزق اپنا ڈھونڈتی ہے خاکِ راہ میں
مَیں نُہ سپہر کو نہیں لاتا نگاہ میں!

قطعات

☆

فطرت مری مانندِ نسیمِ سحری ہے
رفتار ہے میری کبھی آہستہ، کبھی تیز
پہناتا ہُوں اطلس کی قبا لالہ و گُل کو
کرتا ہُوں سرِ خار کو سوزن کی طرح تیز

☆

کل اپنے مریدوں سے کہا پیرِ مغاں نے
قیمت میں یہ معنی ہے درِناب سے دہ چند
زہراب ہے اس قوم کے حق میں مئے افرنگ
جس قوم کے بچے نہیں خوددار و ہنرمند

☆

ترے شیشے میں مے باقی نہیں ہے
بتا، کیا تُو مرا ساقی نہیں ہے
سمندر سے ملے پیاسے کو شبنم
بخیلی ہے یہ رزّاقی نہیں ہے

☆

دلوں کو مرکزِ مہر و وفا کر
حریمِ کبریا سے آشنا کر
جسے نانِ جوَیں بخشی ہے تُو نے
اسے بازوئے حیدرؓ بھی عطا کر

غزل سرا ڈاٹ آرگ (امریکہ) کی کتب

غزل سرا ڈاٹ آرگ اردو کتب کا واحد پبلشنگ ہاؤس ہے جس کی کتب تمام بین الاقوامی سٹورز پر موجود ہیں، اپنی کتاب چھپوانے کے لیے ہم سے نیچے دیئے گئے ای میل پر رابطہ فرمائیں

ghazalsara.org@outlook.com

ٹائٹل		مصنف	فارمیٹ	آئی ایس بی این
کلیاتِ علامہ اقبال	علامہ اقبال کا اردو کلام	علامہ محمد اقبال	ہارڈ کور	9781957756066
			پیپر بیک	9781957756080
کلّیاتِ غزل۔ مرزا غالب	مرزا غالب کی تمام غزلیں	مرزا اسد اللہ خان غالب	ای بک	9781957756196
کلیاتِ میر تقی میر۔ 1/2	کلیات میر بار دیف۔ الف تا نون	میر تقی میر	ہارڈ کور	9781957756813
			پیپر بیک	9781957756820
کلیاتِ میر تقی میر۔ 2/2	کلیات میر بار دیف۔ ن تا یے	میر تقی میر	ہارڈ کور	9781957756837
			پیپر بیک	9781957756844
کلیاتِ میر تقی میر	میر کے تمام چھ دیوان	میر تقی میر	ای بک	9781957756172
آفت کی ضیافت	بچوں کی نظم۔ ہندی ایڈیشن	یاور ماجد	ہارڈ کور	9781957756479
			پیپر بیک	9781957756998
آفت کی ضیافت	بچوں کی نظم۔ اردو ایڈیشن	یاور ماجد	ہارڈ کور	9781957756097
			پیپر بیک	9781957756103
آنکھ بھر آسمان	شعری مجموعہ	یاور ماجد	ہارڈ کور	9781957756110
			پیپر بیک	9781957756059
			ای بک	9781957756035
ایک زاہدہ ایک فاحشہ	کلیاتِ منٹو 1/9	سعادت حسن منٹو	پیپر بیک	9781957756486
			ای بک	9781957756578
			ہارڈ کور	9781957756714

ٹائٹل		مصنف	فارمیٹ	آئی ایس بی این
بلاؤز	کلیاتِ منٹو 2/9	سعادت حسن منٹو	پیپر بیک	9781957756493
			ای بک	9781957756585
			ہارڈ کور	9781957756721
ٹھنڈا گوشت	کلیاتِ منٹو 3/9	سعادت حسن منٹو	پیپر بیک	9781957756509
			ای بک	9781957756592
			ہارڈ کور	9781957756738
دھُواں	کلیاتِ منٹو 4/9	سعادت حسن منٹو	پیپر بیک	9781957756516
			ای بک	9781957756608
			ہارڈ کور	9781957756790
سودا بیچنے والی	کلیاتِ منٹو 5/9	سعادت حسن منٹو	پیپر بیک	9781957756523
			ای بک	9781957756615
			ہارڈ کور	9781957756745
شہید ساز	کلیاتِ منٹو 6/9	سعادت حسن منٹو	پیپر بیک	9781957756530
			ای بک	9781957756622
			ہارڈ کور	9781957756660
کھول دو	کلیاتِ منٹو 7/9	سعادت حسن منٹو	ہارڈ کور	9781957756462
			پیپر بیک	9781957756547
			ای بک	9781957756639
موذیل	کلیاتِ منٹو 8/9	سعادت حسن منٹو	پیپر بیک	9781957756554
			ای بک	9781957756646
			ہارڈ کور	9781957756776
ہتک	کلیاتِ منٹو 9/9	سعادت حسن منٹو	پیپر بیک	9781957756561
			ای بک	9781957756653
			ہارڈ کور	9781957756783

ٹائٹل		مصنف	فارمیٹ	آئی ایس بی این
منٹو کے حاشیے	منٹو کے منتخب افسانے	سعادت حسن منٹو	ہارڈ کور	9781957756004
			ای بک	9781957756011
			پیپر بیک	9781957756042
پہلا پتھر	اردو افسانے	بلونت سنگھ	پیپر بیک	9781957756295
تار و پود	اردو افسانے	بلونت سنگھ	پیپر بیک	9781957756318
ایران میں اجنبی	اردو نظمیں	ن م راشد	ای بک	9781957756400
لا=انسان	اردو نظمیں	ن م راشد	ای بک	9781957756417
ماورا	اردو نظمیں	ن م راشد	ای بک	9781957756387
بانگِ درا	علامہ اقبال کی شاعری	ڈاکٹر علامہ محمد اقبال	ہارڈ کور	9781957756325
بالِ جبریل	علامہ اقبال کی شاعری	ڈاکٹر علامہ محمد اقبال	ای بک	9781957756332
ارمغانِ حجاز	علامہ اقبال کی شاعری	ڈاکٹر علامہ محمد اقبال	ای بک	9781957756356
ضربِ کلیم	علامہ اقبال کی شاعری	ڈاکٹر علامہ محمد اقبال	ای بک	9781957756349
شبِ رفتہ	مجید امجد کا پہلا شعری مجموعہ	مجید امجد	پیپر بیک	9781957756851
			ہارڈ کور	9781957756875
بانگِ درا	علامہ اقبال کا پہلا مجموعۂ کلام	علامہ محمد اقبال	ہارڈ کور	9781957756325
بالِ جبریل	علامہ اقبال کا پہلا مجموعۂ کلام	علامہ محمد اقبال	ہارڈ کور	9781957756899
رولاک	ایک ناول	رفاقت حیات	ہارڈ کور	9781957756127
			پیپر بیک	9781957756882
			ای بک	9781957756134

https://ghazalsara.org/PrintBooks

غزل سرا ڈاٹ آرگ کی تمام کتب ایمازون، بارنز اینڈ نوبل اور دوسری تمام مشہور آن لائن شاپس کے علاوہ ، ایپل بکس ، گوگل پلے بکس، ایمازون کنڈل اور ڈرافٹ ٹو ڈیجیٹل کے پلیٹ فارمز پر ہر اُس ملک میں موجود ہیں جہاں ان کمپنیوں کے سٹورز ہیں۔ ہماری کتب خریدنے کے لیے نیچے دیئے گئے کیو آر کوڈ کو فون کیمرے سے سکین کریں یا نیچے دیئے گئے لنک کو اپنے کمپیوٹر یا فون کے براؤزر (کروم یا ایج) میں ٹائپ کریں۔ ایمازون یا کسی بھی سٹور کی سائٹ پر کتاب خریدنے کے لیے اس کتاب کا آئی ایس بی این ٹائپ کریں اور سرچ کا بٹن دبائیں۔

https://ghazalsara.org/shop